AF629000

AB SCHULJAHR
2024/25

SICHER ZUM

REALSCHULABSCHLUSS DEUTSCH

BAYERN

Eine ausführliche Anleitung findest du auf ▶ Seite 4.

Florian Fuchs
Julia Biedermann
Aline Utter

Trainingsbuch

Krapp & Gutknecht

Auch die Lösungen zum Trainingsbuch befinden sich im Onlinebereich!

Festige und prüfe dein Wissen im Onlinebereich mit Kompetenzchecks.

Mit weiteren Materialien und digitalen Kompetenzchecks hilft dir unser Onlinebereich dabei, dein Wissen zu prüfen und zu festigen. Dafür gibt es unter anderem **interaktive Aufgaben, Musteraufsätze** und **Lösungen**, sodass du deine Leistung selbstständig kontrollieren kannst.

Wir empfehlen dir, den Onlinekurs mit einem Tablet, Notebook oder Desktop-Computer zu bearbeiten und wünschen dir viel Spaß beim Erledigen der Aufgaben!

Wichtig!

Notiere deine Zugangsdaten:

Benutzername:

Passwort:

Dein Link: **kugverlag.de/s3800**

1 Zugang zu den Lösungen und dem Onlinekurs

Scanne den obenstehenden QR-Code oder gib den Kurzlink (ohne „www." oder „https://") in die Adresszeile **deines Browsers** ein (*nicht* in eine Suchmaschine).

2 Anmeldung oder Registrierung

Klicke auf den Button **Anmeldung oder Registrierung**. Nun musst du dich im Onlinebereich neu registrieren und kannst dich später mit deinen oben notierten Zugangsdaten erneut anmelden.
Zur Registrierung kannst du deinen Benutzernamen und dein Passwort frei wählen, um deine persönlichen Daten zu schützen.

Wichtig: Notiere deine Zugangsdaten unbedingt auf dieser Seite in den dafür vorgesehenen Feldern, damit du sie nicht vergisst und später Zugriff auf deine Lernstände hast. Die Zugangsdaten können vom Verlag nicht eingesehen, geändert oder wiederhergestellt werden!

3 Es kann losgehen!

Klicke auf den Button **Diesen Kurs belegen**. Nun erhältst du Zugriff auf die Aufgaben des Kurses. Unter **Lösungen und Zusatzmaterialien** findest du einen Link zu den Dateien, die für dich zum Herunterladen bestimmt sind.

Liebe Schülerin, lieber Schüler,

deine Realschulzeit neigt sich dem Ende zu. Bevor du aber dein Abschlusszeugnis in den Händen halten darfst, gilt es noch eine Hürde zu überwinden – die Abschlussprüfung.

Dieses umfangreiche Trainingsbuch unterstützt dich bei der Vorbereitung auf diesen wichtigen Tag, indem es auf die drei Themen der Prüfung – **Materialgestütztes Argumentieren, Erschließen eines pragmatischen Textes, Erschließen eines literarischen Textes** – ausführlich eingeht. Ergänzt werden diese drei großen Kapitel um allgemeine Informationen zur Prüfung an sich, zu den themenübergreifenden Aufgaben wie die Sprachanalyse und drei Musteraufsätzen, an denen du dich orientieren kannst.

Die Lösungen für alle Aufgaben sowie weitere Musteraufsätze findest du zur Selbstkontrolle im Onlinebereich. Mit weiteren Materialien und digitalen Kompetenzchecks hilft dir unser Onlinekurs dabei, dein Wissen zu prüfen und zu festigen. Somit bist du optimal für deinen wichtigen Tag vorbereitet.

Im Trainingsbuch werden die Begriffe des Bayerischen Staatsministeriums für Kultus und Unterricht verwendet. Daher ist es möglich, dass du im Unterricht andere Begriffe kennengelernt hast, z. B. *Inhaltsangabe* statt *Inhaltszusammenfassung*. Lass dich davon aber nicht irritieren. Auch wenn die Begriffe sich womöglich unterscheiden, ist der Inhalt, der sich hinter ihnen verbirgt, so, wie du ihn im Unterricht kennengelernt hast.

Wir wünschen dir eine weitestgehend stressfreie Vorbereitungszeit und viel Erfolg für die Abschlussprüfungen.

Florian Fuchs *Julia Biedermann* *Aline Utter*

Dieses Trainingsbuch enthält eine Reihe von Symbolen am Rand, die dir helfen sollen, dich einfacher zu orientieren.
Nachfolgend findest du eine kurze Erklärung der Symbole:

- **Gruppenarbeit**
- **Leseauftrag**
- **Onlinebereich**
- **Partnerarbeit**
- **Hörtext** Scanne den QR-Code.
- **Recherche**
- **Schreibaufgabe im Stil der Prüfung**
- **Schreibe in dein Aufsatzheft**
- **Tipp**

DIE ABSCHLUSSPRÜFUNG

Im Schuljahr 2022/23 bzw. in der Prüfung 2023 wurde die gesamte Abschlussprüfung für Realschulen in Bayern überarbeitet und weiterentwickelt. Ab sofort stehen dir drei Aufgaben zur Verfügung, von denen du eine auswählst und in 240 Minuten bearbeitest:

1. Materialgestütztes Argumentieren
2. Erschließen eines pragmatischen Textes
3. Erschließen eines literarischen Textes

Auf die drei Aufgabenformate wird detailliert in ihren jeweiligen Kapiteln eingegangen.
Als Hilfestellung ist die **Verwendung eines Rechtschreibwörterbuchs** gestattet, in das **keinerlei Hilfestellungen** notiert werden dürfen („Spicker“).

Tipps zur Prüfungsvorbereitung

1. **Rechtzeitig** mit der Prüfungsvorbereitung beginnen.
   Ein paar Tage vorher reichen in der Regel nicht, da der Umfang der Prüfung recht groß ist.
2. **Übungsaufsätze schreiben** und Rückmeldungen bei der Lehrkraft einholen.
3. Einen **Lernplan erstellen**. Überlegen, wann welches Thema gelernt werden soll.
   Zeit für Wiederholungen einplanen.
4. **Feste Zeiten** zum Lernen schaffen.
5. **Hilfen erstellen:** Je nach Lerntyp Zusammenfassungen, Mindmaps, Stichwortzettel, Grafiken.
6. Das **Material** thematisch **strukturieren:** Hefteinträge, Lernhilfen usw.
7. **Außenstehenden die Inhalte erklären:** Es gilt, anderen, die mit den Prüfungsinhalten nicht vertraut sind, diese verständlich in eigenen Worten erklären zu können. Dies ist die beste Form der Prüfungsvorbereitung und es zeigt, dass man die Inhalte verstanden hat.
8. Sich mit Mitschülerinnen und Mitschülern **austauschen** und **Lerngruppen bilden**.
9. **Bearbeiten** der letztjährigen **Prüfungsaufgaben**.
   Somit gewöhnt man sich an die Formulierungen und das geforderte Niveau.
10. Sich **Pausen gönnen** und **einplanen**. Es bringt nichts, Tag und Nacht zu lernen.

Tipps kurz vor und während der Prüfung

1. **Rechtzeitig**, mindestens aber 30 Minuten, vor der Prüfung vor Ort sein.

2. **Alle elektronischen Geräte ausschalten** und auf Verlangen abgeben.

3. Den zugewiesenen **Platz einnehmen** und diesen **vorbereiten**:
   Essen, Trinken, Rechtschreibwörterbuch, Stifte, Textmarker platzieren.

4. **Ruhe bewahren** und sich in den Minuten vor der Prüfung nicht von den anderen verrückt machen lassen.

5. **Dokumente auf Vollständigkeit prüfen** und persönliche Daten eintragen.

6. Die **Aufgabenstellungen** sorgfältig nach und nach **durchlesen**.

7. Die **Lösungen** auf die **Prüfungsbögen schreiben** und nicht auf das Aufgabenblatt.

8. **Zwischen den Aufgaben genügend Platz** für eventuelle Nachtragungen frei lassen.

9. Auf eine **lesbare Handschrift** – auch unter Zeitdruck – achten.

10. Die **Uhr** stets im Blick behalten.

11. **Essen und trinken** nicht vergessen.
    Es verschafft dem Gehirn und Kreislauf eine kleine Pause.

    Achtung: Traubenzucker oder Ähnliches sollte erst ca. in den letzten 1,5 Stunden der Prüfung zu sich genommen werden, da Zucker, speziell Traubenzucker, nur kurz aufpusht und dann schnell verbrannt wird. Viele fallen danach eher in ein müdes Tief.

12. Überprüfen, ob wirklich **alle Aufgaben bearbeitet** wurden.

13. **Lösungsseiten durchnummerieren**, um der Prüferin/dem Prüfer die Orientierung zu erleichtern.

14. Vor Abgabe **alles Korrektur lesen** und auf **Vollständigkeit** prüfen.

ZITIEREN

In verschiedenen Aufgabenstellungen der Abschlussprüfung beim materialgestützten Argumentieren und dem Schreiben des textgebundenen Aufsatzes ist es notwendig, zu zitieren.

Alle Zitate beziehen sich auf *Der Schritt zurück* von Annette Rauert (▶ **Seite 50 f.**).

Dabei gilt es, einige Regeln zu beachten:

1. Man unterscheidet zwischen **direkten** und **indirekten Zitaten**. Bei **direkten Zitaten** schreibst du etwas **wortwörtlich** aus dem Text ab:

   Es ist anzunehmen, dass die Kurzgeschichte an einem sonnigen Tag spielt, da die Wasseroberfläche des Beckens als glitzernd beschrieben wird**: „**Unter ihm die gleißende Wasseroberfläche.**“** (Z. 1–2)

   Bei **indirekten Zitaten** hingegen schreibst du **nicht wörtlich** aus dem Text ab, sondern fasst etwas **in eigenen Worten** zusammen:

   Es ist anzunehmen, dass die Kurzgeschichte an einem sonnigen Tag spielt, da der Junge auf eine als glitzernd beschriebene Wasseroberfläche hinunter schaut. (**vgl.** Z. 1–2)

2. Zitiere **lieber zu viel als zu wenig**. Je mehr du zitierst, also je mehr du am Text belegst, desto nachvollziehbarer wird das, was du aussagen möchtest. Achte jedoch darauf, nicht nur Zitate aneinanderzureihen.

3. Achte auf die **Zeichensetzung beim Zitieren** (siehe Punkt 1). Jedes falsch gesetzte oder vergessene Zeichen trägt dazu bei, dass sich die Note des Aufsatzes verschlechtert, da das Zitieren ein wichtiger Bestandteil aller drei Aufgabenstellungen ist.

4. Wenn **direkte Zitate zu lang** sind, **kürze sie** ab. Du musst und sollst nicht mehrere Zeilen aus dem Text abschreiben. Beschränke dich beim Zitat auf **das Wichtigste**. Das Weggelassene wird „ausgeklammert“:

   „Die Übelkeit in seinem Magen verstärkte sich **[...]** aus Ekel vor der Feigheit der Masse da unten.“ (Z. 36–38)

5. Schreibe bei wörtlichen Zitaten die Zeilenangabe in Klammern hinter das Zitat. Auch bei indirekten Zitaten muss in Klammern stehen, wo du die Information im Text gefunden hast, allerdings mit dem Zusatz *vgl.*

6. Anstatt die Zeilen direkt zu notieren (Z. 1–2), kannst du auch **Z. 1 f.** schreiben. Das „f.“ steht dabei für die folgende Zeile.

➲ Aufgabe

Alle Zitate beziehen sich auf *Der Schritt zurück* von Annette Rauert (▶ **Seite 50 f.**).

a) Ergänze die richtigen Zeilenangaben zu den Zitaten.

1. Nachdem er die Leiter hinuntergeklettert ist, verspürt er ein Gefühl der inneren Stärke.

   ____

2. Das Publikum steht schweigend da „wie eine Herde blöder Schafe“.

   ____

b) Setze die fehlenden Satzzeichen ein.

1. Er fühlt sich gezwungen zu beweisen dass er ein Mann ist Z 13 f
2. Er fragt sich ob das Springen heldenhaft ist Z 50 f

c) Korrigiere die falschen Zitate.

„Waren ihre Augen so hart und unbeteiligt gewesen?“ (Z. 24 f.)

____

____

„Plötzlich tauchte ein neuer Gedanke in seinem Hirn auf.“ (Z. 20 f.)

____

____

____

Nur noch ein paar Sekunden atmen, dachte er, mehr will ich gar nicht.“ (Z. 15 f.)

____

____

____

„Wenn sie geschrien hätten, sie hätten ihnen dieses Recht genommen.“ (Z. 34–36)

____

____

____

„Ich bin doch einer von ihnen, warum ruft mich niemand zurück?“ (Z. 25 f.)

____

____

____

MATERIALGESTÜTZTES ARGUMENTIEREN

Beim materialgestützten Argumentieren, auch **Erörterung** oder **Erörtern** genannt, bearbeitest du ein vorgegebenes Thema. Möglich sind dabei eingliedrige und zweigliedrige Themenstellungen.

Während du bei **eingliedrigen Erörterungen** in **eine Richtung** argumentieren musst (*Wie lässt sich die Motivation für einen Schulbesuch bei Jugendlichen steigern?*), analysiert du bei der **zweigliedrigen Erörterung** ein Thema aus **zwei Perspektiven** (*Hohe Abbruchquote bei Ausbildungen: Erörtern Sie Ursachen* ***und*** *mögliche Gegenmaßnahmen*).

Neben Ursache/(Gegen-)Maßnahmen sind auch weitere zweigliedrige Aufgabenstellungen möglich: Pro/Kontra bzw. Vorteile/Nachteile, Gründe/Probleme und Chancen/Risiken.

Eine **Schreibaufgabe im Stil der Prüfung** sieht so aus:

SCHREIBAUFGABE

Viele Jugendliche verbringen täglich Zeit an ihrem Smartphone. Erörtern Sie das Suchtrisiko sozialer Medien und Computerspiele. Gehen Sie anschließend auf den Einfluss der Corona-Pandemie auf die Internetnutzung Jugendlicher ein.

Lassen Sie die vorliegenden Materialien sowie Ihre eigenen Kenntnisse zum Thema in Ihre Argumentation einfließen. Aus den Materialien entnommene Informationen müssen Sie mit einer Quellenangabe kennzeichnen.

In deiner Erörterung musst du dich zum einen auf das vorgegebene **Material** beziehen. Entweder tust du das **explizit** durch (in-)direkte Zitate oder **implizit**, indem du bestimmte Anregungen oder Gedanken des Materials verwendest. Beim Zitieren gibst du in Klammern das Material an, auf das du dich beziehst.
Das können **Grafiken, Schaubilder, Auszüge aus journalistischen Texten oder Romanen** usw. sein. Insgesamt füllen sie etwa drei DIN-A4-Seiten. In der Prüfung 2023 waren es beispielsweise zwölf verschiedene Materialien. Du musst auswählen, welche wichtigen **Informationen aus den Materialien** du in deinen Aufsatz einfließen lassen möchtest. Zum anderen gilt es, dieses Material um **eigenes Wissen** und eigene Erfahrungen zu ergänzen.

Anders als beim textgebundenen Aufsatz, also dem Erschließen eines pragmatischen oder literarischen Textes, ist eine **Gliederung** verpflichtend. Sie kann dir auch helfen, falls du mit deinem Aufsatz nicht fertig werden solltest: Eine **vollständige Gliederung** kann deine Note verbessern, wenn aus ihr ersichtlich wird, wie dein Aufsatz sinnvoll fortgeführt worden wäre.

Betrachtet man die **Prüfungen der vergangenen Jahre**[1], fällt auf, dass sich bisher **kein Thema wiederholt** hat. Außerdem handelt es sich um solche, die in den jeweiligen Jahren entweder politisch und gesellschaftlich diskutiert wurden oder aber um Themen, die junge Menschen in irgendeiner Form betreffen. Politisch und gesellschaftlich heikle Themen wie Migration oder Krieg werden in der Regel ausgespart.

2016
- → Fußball
- → Schulklima
- → Verantwortungsvoller Konsum
- → Vereinsamung
- → Umgangsformen und angemessenes Auftreten
- → Reisen mit dem Fernbus

2017
- → Bedeutung von Museen
- → Nachhaltiger Tourismus
- → Einkaufszentren
- → Tutorinnen und Tutoren an Schulen
- → Staatsform Demokratie
- → Doping im Leistungssport

2018
- → Werbung und Sport
- → Einkaufen im Internet
- → Freizeitgestaltung
- → Teamwork im Arbeitsleben
- → Erinnerungskultur
- → Pendeln

2019
- → Freiwilliges soziales Engagement junger Menschen
- → Äußeres Erscheinungsbild
- → YouTuber
- → Reiz des Theaters
- → Interesse politischer Themen für junge Menschen
- → Elektrofahrräder

2020
- → Ausrichtung der Olympischen Spiele
- → Digitale Schülerzeitungen
- → Persönlichkeitsentwicklung
- → Leben im ländlichen Raum
- → Überlegungen bei der Berufswahl
- → Fast Fashion

2021
- → Gefährdung der Umwelt und Umweltschutz
- → Rabattaktionen und Sonderangebote
- → Bedeutung von Freundschaften
- → Do-it-yourself
- → Betreiben von Sport alleine
- → Homeoffice

2022
- → Bedeutung der Familie für Jugendliche
- → Serien auf Streamingplattformen
- → Tierwohl
- → Zwischenmenschliche Konflikte
- → Regionale Produkte
- → Fake News

2023
- → Fachkräftemangel

2024
- → ÖPNV

1 In den Prüfungen 2016 bis 2022 standen deutlich mehr Themen zur Auswahl, da es Erörterungen ohne und mit Informationsmaterial gab. Zudem musste die Lehrkraft für ihre Klasse Themen auswählen.

Vorgehensweise

Eine gründliche **Vorarbeit** ist entscheidend und bildet das Grundgerüst für deinen Aufsatz. Auf den folgenden Seiten wird daher erklärt, wie du das Material erschließt und die gesammelten Informationen vor dem Schreiben strukturierst.

1. Lies dir zunächst die **Aufgabenstellung** genau durch: Ist sie **eingliedrig** oder **zweigliedrig**? Achte auf die Formulierung der **Themenfrage**: Werden bestimmte Einschränkungen genannt? Geht es beispielsweise nur um Jugendliche?
Versuche, die Frage für dich auch in eigene Worte zu fassen, um sicher zu sein, dass du verstanden hast, welches Thema du genau erörtern sollst.
2. Notiere deine **eigenen Gedanken** und **dein Wissen** zum Thema.
3. Betrachte die vorgegebenen **Bilder** und lies die **Texte** einmal durch.
4. **Erschließe** die Materialien genauer. Wie das geht, erfährst du für Texte auf ► **Seite 13–15** und für Bildmaterial auf ► **Seite 16–27**.
5. Erstelle eine **Stoffsammlung**, beispielsweise in Form einer Mindmap oder Tabelle.
6. Ordne deine Stoffsammlung: Finde **Oberbegriffe** und **sortiere deine Ideen** thematisch. Entscheide, welches die **wichtigsten/überzeugendsten Punkte in den Materialien** sind, die du in deinem Aufsatz verwenden möchtest. Streiche Unwichtiges.
7. Fasse deine Überlegungen in einer **Gliederung** (► **Seite 30–32**) zusammen. Diese wird benotet.
8. Verfasse nun nacheinander **Einleitung, Hauptteil und Schluss** (► **Seite 28 f.**). Du kannst für die Einleitung auch Platz freilassen und sie erst am Ende ergänzen. Achte auf die äußere Form und mache Absätze.
9. **Prüfe** den ganzen Aufsatz nochmal. Hast du die Themenfrage beantwortet? Wurden die Materialien an passender Stelle eingebunden? Hast du ausreichend Material verwendet und beispielsweise nicht nur einen Text? Achte auch auf deine Rechtschreibung und den Satzbau.

➲ **Aufgabe**

a) Kreuze an, welche Form der Erörterung in der Schreibaufgabe (► **Seite 10**) vorliegt und begründe deine Wahl.

☐ **eingliedrig**

☐ **zweigliedrig**

Begründung: ______________________________

____

b) Unterstreiche die Bevölkerungsgruppe, um die es in der Schreibaufgabe geht.

c) Formuliere die Themenfrage in eigenen Worten.

____

____

____

Texte erschließen

Ein Teil des Materials, das dir in der Prüfung zur Verfügung steht, werden **Texte** mit unterschiedlichem Umfang sein – wenige Zeilen bis hin zu einem längeren Textauszug. Diese können zum Beispiel aus journalistischen Texten, Büchern und von Internetseiten stammen.

Bei der Erschließung gehst du in vier Schritten vor:

1 **Überfliegen des Textes – Überblick verschaffen**
Überlege dir vorher Schlüsselbegriffe, also wichtige Stichwörter zum Thema. Auf diesen liegt dein Fokus (Schwerpunkt) beim Überfliegen des Textes.

2 **Gründliches Lesen**
- → Lies den Text anschließend genau.
- → Unterstreiche dabei für das Textverständnis grundlegende Schlüsselbegriffe und markiere Unklares. Dabei gilt die Regel „so viel wie nötig, so wenig wie möglich".
- → Kläre unbekannte Begriffe oder Formulierungen und stelle sicher, dass du das Gelesene verstanden hast. Du darfst in der Prüfung ein Rechtschreibwörterbuch verwenden.

3 **Gliedern**
Gliedere den Text in Sinnabschnitte und gib jedem eine kurze Überschrift, die den Inhalt knapp wiedergibt. So findest du dich später schneller zurecht, vor allem bei längeren Texten.

4 **Zusammenfassen**
- → Fasse die wichtigsten Informationen des Textes in eigenen Worten zusammen. Erstelle z. B. eine Mindmap, ein Cluster[1], eine Ideenliste, eine Stichwortsammlung oder eine kurze Inhaltszusammenfassung.
- → Füge sie anschließend deiner Stoffsammlung hinzu. Da du in der Prüfung viele Materialien hast, musst du dir deine Zeit gut einteilen und kannst nur die wichtigsten Informationen in deine Stoffsammlung übernehmen!

Tipp: *Anhand des Textes „Online bis zur Abhängigkeit?" auf der nächsten Seite übst du die vier Schritte beispielhaft ein. Die Aufgaben folgen nach dem Text.*

1 Ein Cluster ist einer Mindmap sehr ähnlich. Während aber bei einer Mindmap die Begriffe gegliedert und geordnet sind, sind sie bei einem Cluster weniger strukturiert und eher spontan angeordnet.

Beispieltext

Online bis zur Abhängigkeit? (2022)

von Julia Biedermann

Fotos liken, online shoppen oder Mails checken, während nebenbei die neueste Serie gestreamt wird: Das Internet ist aus unserer heutigen Welt nicht mehr wegzudenken. Es bietet Zugriff auf unzählige Informationen, schnelle Kommunikation und grenzenlose Unterhaltung – jederzeit. Bei manchen Nutzern nimmt das ständige Online-Sein jedoch überhand. Eine exzessive[1] Internetnutzung ist vergleichbar mit einer Abhängigkeitsstörung. Insbesondere Online-Rollenspiele bergen durch Faktoren wie Belohnungssysteme und die Einbindung in ein soziales Spielernetzwerk ein hohes Suchtpotenzial. Wer nicht online ist, muss befürchten, etwas zu verpassen, da die anderen ja weiterspielen. So entsteht ein psychischer Druck, ebenfalls mitspielen zu müssen.

Das Suchtrisiko sozialer Netzwerke ist ähnlich stark ausgeprägt. Diese sind darauf ausgelegt, auf Werbepartner attraktiv zu wirken. Dafür ist es erforderlich, dass User möglichst lange auf den Plattformen verweilen, um von Werbeinhalten erreicht zu werden. Eine Vielzahl positiver Gestaltungselemente wie Signalfarben verleitet zum Weiterscrollen. Der Algorithmus schlägt gezielt Beiträge vor, die dem Betrachter gefallen sollen. Perfekt inszenierte Bilder laden zur Flucht in eine heile Welt ein, in der die eigenen Probleme ausgeblendet werden können. Eigene Posts führen zu mehr Aufmerksamkeit und Bestätigung durch die Likes und Kommentare anderer.

Eine gemeinsame Studie der DAK-Gesundheit und des Universitätsklinikums Hamburg-Eppendorf (UKE) zeigt, dass die Corona-Pandemie mit all ihren Einschränkungen zu einem starken Anstieg der Mediensucht bei Kindern und Jugendlichen geführt hat. Viele nutzen digitale Medien, um mit der herausfordernden Situation umgehen zu können. Mit Folgen: Bei 4,1 Prozent der 10- bis 17-Jährigen kann inzwischen von einer krankhaften Computerspielnutzung gesprochen werden – das sind hochgerechnet etwa 220.000 Betroffene. Mädchen sind mit einem Anteil von 0,9 Prozent deutlich weniger betroffen als Jungen mit 3,2 Prozent. 2019 waren es insgesamt noch 2,7 Prozent. Die Studie stellt einen engen Zusammenhang zwischen gestiegenen Nutzungszeiten und der höheren Anzahl der Mediensüchtigen fest. Betrug die durchschnittliche Gaming-Zeit an einem Werktag 2019 noch 83 Minuten, sind es jetzt 109 Minuten. Während des ersten Lockdowns im April 2020 waren es sogar 132 Minuten täglich.

Ein ähnliches Ergebnis zeichnet sich bei der Nutzung von Social Media ab. Wochentags werden 139 Minuten auf soziale Netzwerke verwendet. Das sind 23 Minuten mehr als im Herbst 2019. Eine Sucht hatten 2019 bereits 3,2 Prozent der User entwickelt. 2021 sind es 4,6 Prozent, wobei Jungen doppelt so oft abhängig sind wie Mädchen.

Diese exzessive Mediennutzung stellt einen Kontrollverlust mit weitreichenden Folgen für die psychosoziale Entwicklung[2] dar. Kinder- und Jugendärzte befürchten, dass sich dieser Trend nicht so einfach rückgängig machen lässt – auch weil viele Eltern ihre Regeln zur Internetnutzung nicht ausreichend der Situation angepasst haben. Präventions- und Therapieangebote sind daher wichtig, um dem entgegenzuwirken.

Quelle: Julia Biedermann: Online bis zur Abhängigkeit? In: *Sicher zum Realschulabschluss Deutsch Baden-Württemberg 2023/2024.* Berkheim/Illerbachen: Krapp & Gutknecht Verlag 2022, S. 21.

1 **exzessiv** ausufernd, übertrieben
2 **psychosoziale Entwicklung** hier: die geistig-gesellschaftliche Entwicklung

➲ Aufgabe 1

a) Überlege dir 3–4 Schlüsselbegriffe, also wichtige Stichwörter, zum Thema der Schreibaufgabe (► **Seite 10**). Zum Beispiel: Suchtrisiko, soziale Medien ...

____

____

b) Überfliege den Text *Online bis zur Abhängigkeit?* (► **Seite 14**) und markiere deine Schlüsselbegriffe aus a), wenn sie auftauchen.

➲ Aufgabe 2

a) Lies den Text genau.

b) Unterstreiche darin weitere Schlüsselbegriffe.

Tipp: Du solltest den Text anhand dieser Wörter wiedergeben können, ohne dass etwas Wichtiges fehlt.

c) Hebe unklare Begriffe hervor und schlage sie in einem Wörterbuch oder online nach.

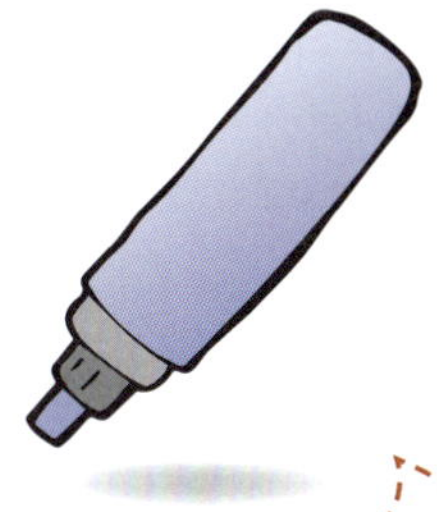

Markiere auch in der Prüfung wichtige Inhalte.

➲ Aufgabe 3

Der Text lässt sich in fünf Sinnabschnitte einteilen. Gib jedem eine Überschrift, die den Inhalt zusammenfasst.

Abschnitt 1: ____

Abschnitt 2: ____

Abschnitt 3: ____

Abschnitt 4: ____

Abschnitt 5: ____

➲ Aufgabe 4

Erstelle in deinem Heft eine Mindmap zum Text *Online bis zur Abhängigkeit?*, in der du die wichtigsten Informationen aus dem Text strukturiert darstellst.

Tipp: Nutze deine Schlüsselbegriffe aus Aufgabe 1 und 2.

Bildmaterial erschließen

Neben Texten zählen auch Darstellungen zu den vorgegebenen Materialien. **Tabellen, Diagramme, Bilder, Schaubilder** und **Karikaturen** enthalten in komprimierter (verdichteter) Form Informationen. Diese müssen von dir „herausgelesen" und festgehalten werden. Es ist sehr wahrscheinlich, dass dir in der Prüfung solche Materialien vorgegebenen werden. Daher ist es wichtig, dass du weißt, wie sie richtig „gelesen" und gedeutet werden.

Tabellen

In einer Tabelle werden **Text und meist Zahlen** geordnet und übersichtlich dargestellt. Sie besteht aus **Zeilen** (waagerecht) und **Spalten** (senkrecht), ein Tabellenfeld wird als **Zelle** bezeichnet.

In der ersten Zeile der Tabelle werden üblicherweise die **Spaltenüberschriften** eingetragen. In einer Über- oder Unterschrift steht ein erklärender Text, worum es in der Tabelle geht.

Die Informationen einer Tabelle können unterschiedlich angeordnet sein.

Beispiel 1 Ergebnisse einer Umfrage in einer Klassenstufe 10 über die tägliche Smartphone-Nutzung[1]

Anzahl der Teilnehmer	bis 29 Min.	30 bis 59 Min.	60 bis 119 Min.	≥120 Min.	Weiß nicht
100	9	11	24	42	14

Beispiel 2 Ergebnisse einer Umfrage in einer Klassenstufe 10 über die tägliche Smartphone-Nutzung[1]

Anzahl der Teilnehmer	100
bis 29 Minuten	9
30 bis 59 Minuten	11
60 bis 119 Minuten	24
120 Minuten und mehr	42
Weiß nicht	14

1 Informationen entnommen aus: Bitkom Research 2024.

Eine Tabelle verstehen und auswerten

1. Den Aufbau erfassen
- → Was steht in der Überschrift?
- → Worüber sagt die Tabelle etwas aus?

2. Unterschiede zwischen Spalten- und Zeileninhalten berücksichtigen
- → Überschriften der Spalten lesen (Was steht in den Spalten?)
- → Überschriften der Zeilen lesen (Was steht in den Zeilen?)

3. Spalten und Zeilen lesen

Was sagen die Informationen in den Feldern? Werte und Aussagen stichwortartig festhalten.

4. Schlussfolgerung aus den Informationen ziehen und festhalten
- → „Die Mehrheit von ... zeigt, dass ..."
- → „Ganze 42 Prozent der 100 Befragten nutzen ihr Smartphone 120 Minuten oder mehr am Tag."

➲ Aufgabe 1

Vergleiche die beiden Tabellen auf ► **Seite 16** miteinander.

- → Welche Informationen erhältst du?
- → Wie unterscheiden sich die Tabellen?

➲ Aufgabe 2

Werte die Informationen der Tabellen stichwortartig aus.
Was genau sagen sie aus?

Diagramme

Es gibt verschiedene Arten von Diagrammen, die für verschiedene Verwendungszwecke gebraucht werden. Sie werden dir auf den ► **Seiten 18–22** vorgestellt und erklärt.

Das Säulendiagramm

Das Säulendiagramm wird meist dort eingesetzt, wo nur wenige Zahlenwerte miteinander verglichen werden, etwa um zu veranschaulichen, wie häufig etwas vorkommt.

Mehrheit hat mit 10 Jahren eigenes Smartphone

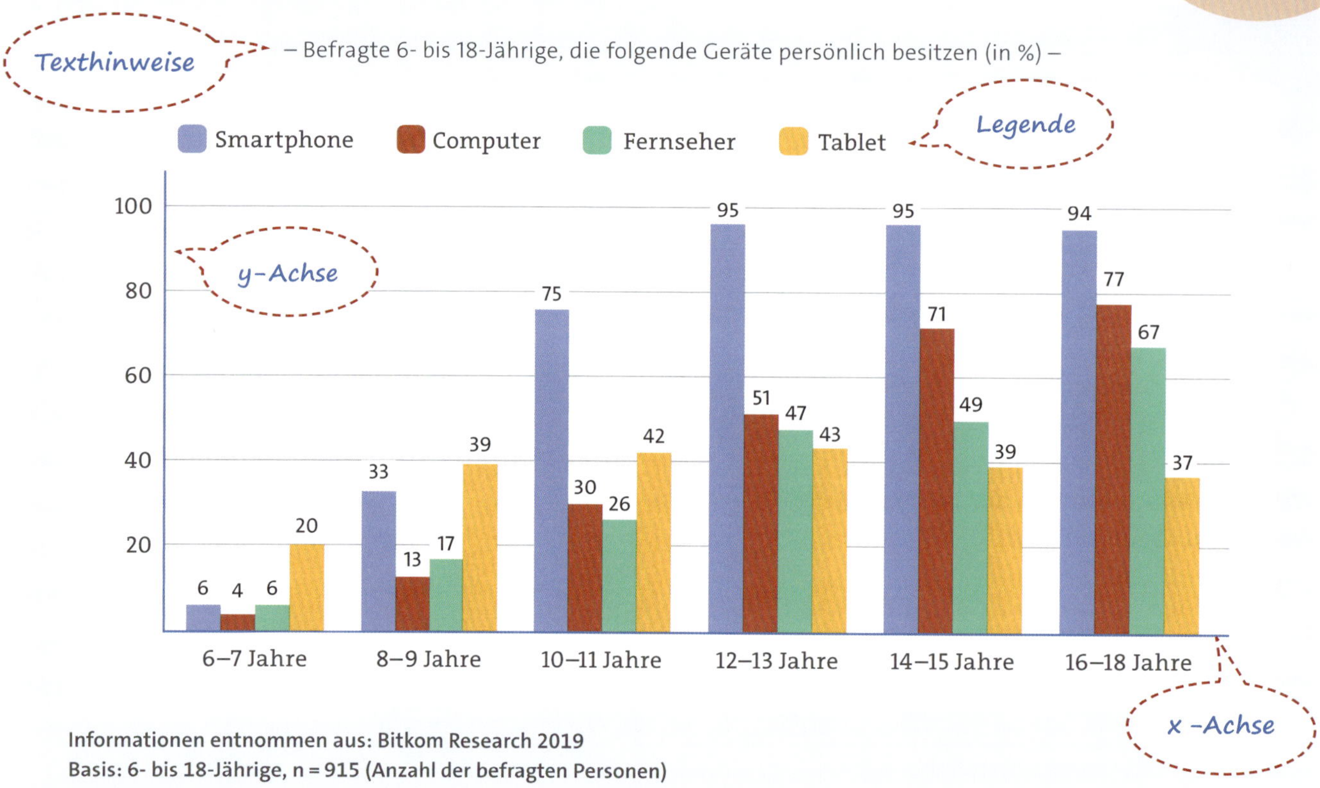

Informationen entnommen aus: Bitkom Research 2019
Basis: 6- bis 18-Jährige, n = 915 (Anzahl der befragten Personen)

Wichtig bei der Auswertung ist, dass du auf die vorhandene Legende und Texthinweise in den Überschriften sowie in den Spalten und Zeilen achtest.

Beachte auch die Angaben an den beiden Achsen des Diagramms:

Im Beispieldiagramm

→ *Die **senkrechte y-Achse** zeigt den **Anteil der Befragten in Prozent**.*
→ *Die **waagerechte x-Achse** gibt an, welches **Alter die Befragten** haben.*

Das Balkendiagramm

Das Balkendiagramm ist eine Variante des Säulendiagramms, bei dem die Säulen nicht senkrecht stehen, sondern waagerecht liegen. Mit ihm lassen sich besonders gut Rangfolgen darstellen.

Die Überschrift gibt dir das Thema an, zu dem Informationen bereitstehen.

Wege der Internetnutzung

– in den letzten 14 Tagen –

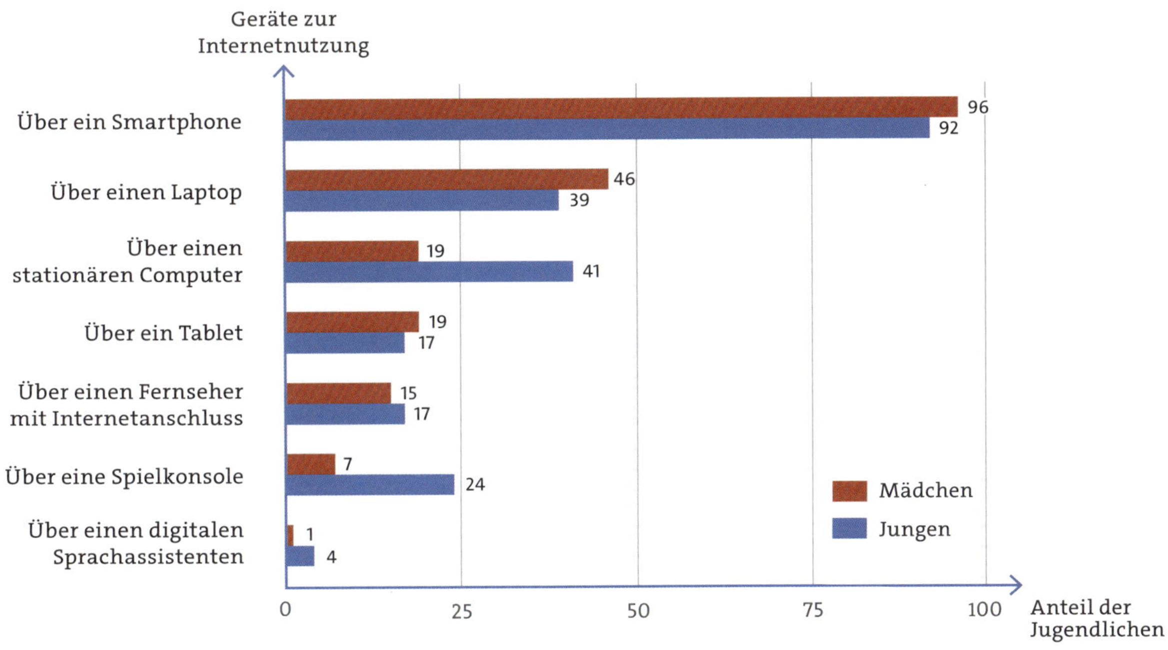

Informationen entnommen aus: JIM 2018, Angaben in Prozent, Basis: Befragte, die mind. alle 14 Tage ins Internet gehen, n = 1.195 (Anzahl der befragten Personen)

Die Angaben unter dem Diagramm verraten dir weitere Details. Die Befragten nutzen das Internet mindestens alle 14 Tage.

Erläuterung:

- → *Die **senkrechte y-Achse** führt auf, über welche Wege, also **Endgeräte**, die Jugendlichen das Internet nutzen.*
- → *Auf der unteren **waagerechten x-Achse** kannst du ablesen, **wie viele Jugendliche** von welcher Art der Internetnutzung Gebrauch machen.*
  Achtung: Bei den Zahlen handelt es sich um Prozentangaben, zum Beispiel 96 von 100 Mädchen, also 96 %, nutzen das Internet über ihr Smartphone, allerdings nur 92 von 100 Jungen, also 92 %.
- → *Die Legende rechts unten zeigt dir an, was die **unterschiedlichen Balkenfarben** bedeuten.*
- → *Sowohl das Säulen- als auch das Balkendiagramm eignen sich besonders, um Häufigkeiten oder Vergleiche darzustellen. Dies lässt sich leicht aus den unterschiedlichen Längen der Balken ablesen.*

Das Kreisdiagramm

Diese Diagrammform wird auch als **„Tortendiagramm“** bezeichnet, weil seine Werte wie verschieden große Tortenstücke aussehen.

Es wird meistens benutzt, um **Prozentangaben** und **Mengen** anschaulich darzustellen. So lassen sich die Größen leicht auf einen Blick vergleichen.

Am häufigsten eingesetztes Gerät zur Internetnutzung

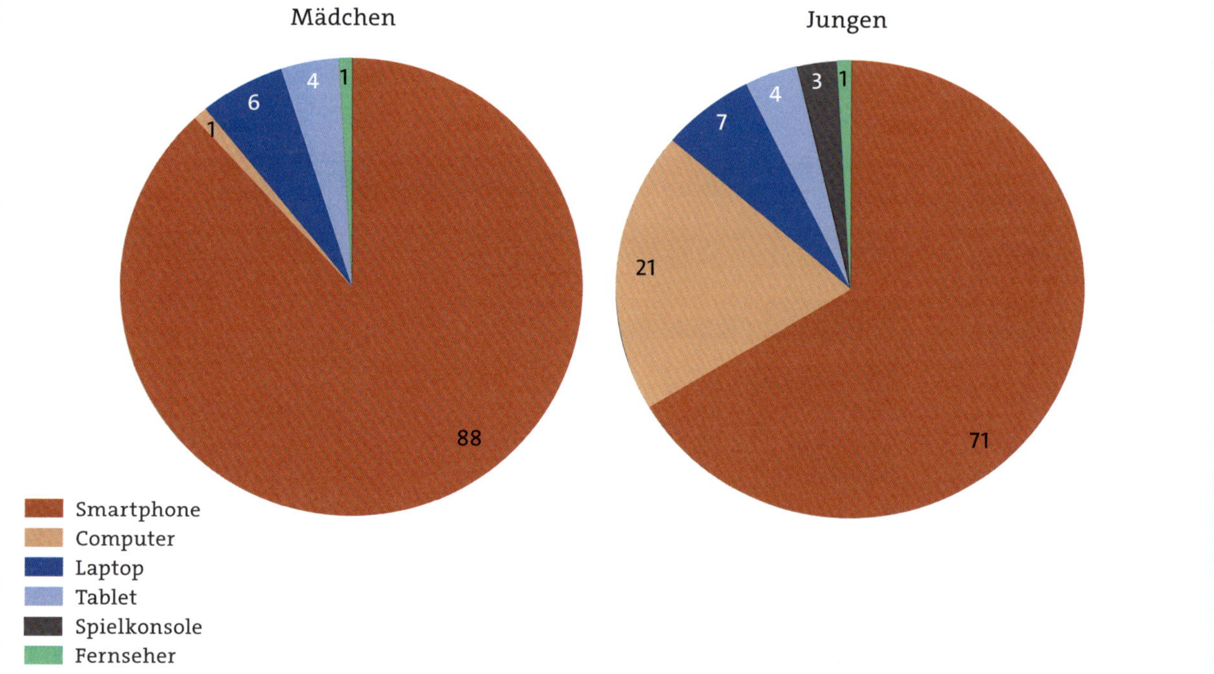

Informationen entnommen aus: JIM 2018, Angaben in Prozent, Basis: Befragte, die mind. alle 14 Tage ins Internet gehen, n = 1.195 (Anzahl der befragten Personen)

➲ **Aufgabe 3**

Fülle zunächst den Stichwortzettel mit den wichtigsten Informationen zum Kreisdiagramm aus, bevor du mit ihnen auf der nächsten Seite einen zusammenhängenden Text schreibst.

Stichwortzettel

Eigener Text

Das Linien- oder Kurvendiagramm

Das Kurvendiagramm wird eingesetzt, um **Entwicklungen** zu veranschaulichen, die **über einen längeren Zeitraum** gehen. Das Auf und Ab der Kurve zeigt Veränderungen über einen Zeitraum besonders gut.

Auch das Liniendiagramm im folgenden Beispiel über den Gerätebesitz (Handy, MP3-Player und Smartphone) Jugendlicher in den Jahren 1998 bis 2023 hat zwei Achsen. Die waagerecht verlaufende x-Achse gibt die Jahreszahlen an. Auf der senkrecht verlaufenden y-Achse kannst du die Prozentangaben der Jugendlichen ablesen.

Gerätebesitz Jugendlicher: Handy, MP3-Player und Smartphone von 1998 bis 2023

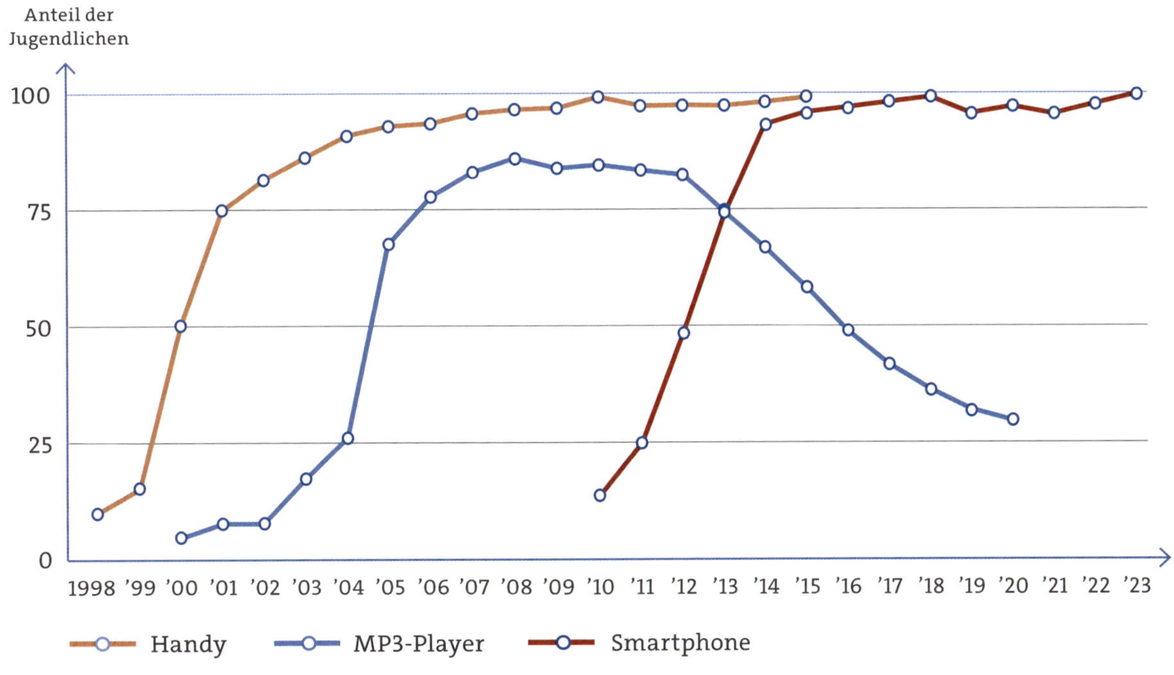

Informationen entnommen aus: JIM 1998 – JIM 2023, Angaben in Prozent, Basis: alle Befragten (keine genaue Angabe)

➲ Aufgabe 4

Diagramme entstehen gewissermaßen aus Tabellen. Die aus ihnen entnommenen Zahlen und Werte werden so gestaltet, dass sie übersichtlicher und besser zu vergleichen sind. So können aus den Tabellen mit den Werten aus der Umfrage über die Smartphone-Nutzung auf ► **Seite 16** die folgenden Diagramme erstellt werden.

Notiere die passende Diagrammbezeichung auf den Linien unter den Diagrammen.

Ergebnisse der Umfrage einer Klassenstufe 10 über die tägliche Smartphone-Nutzung

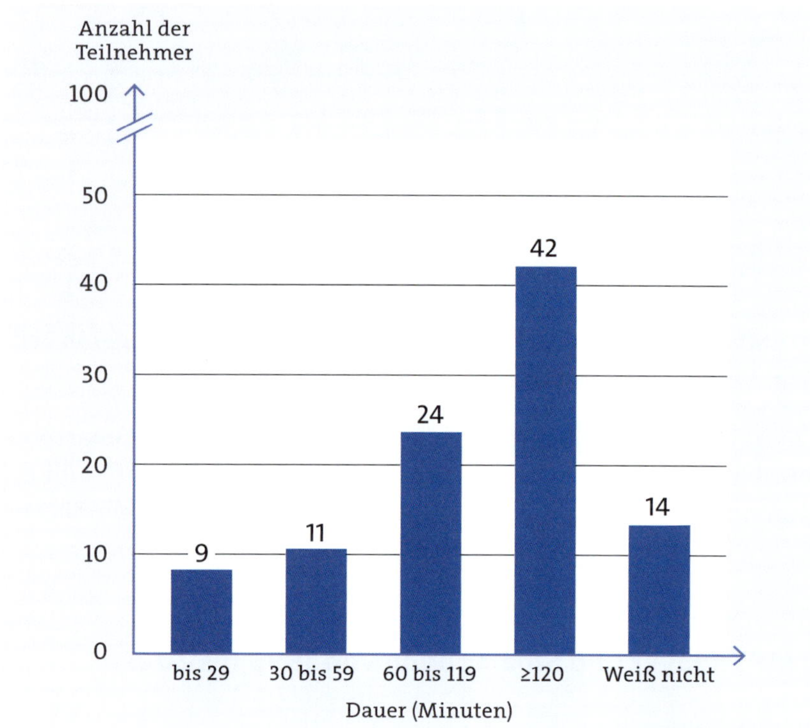

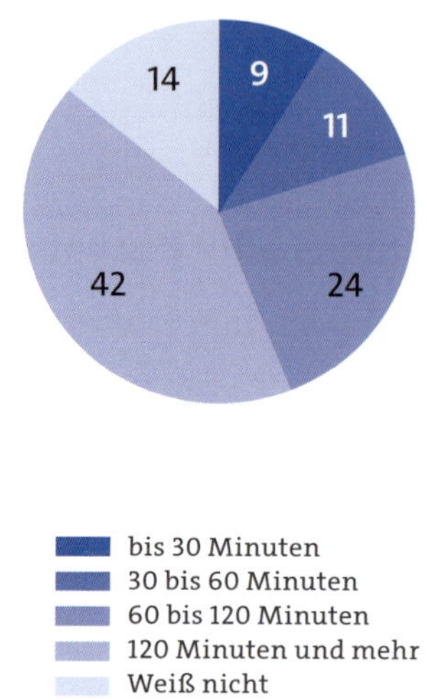

______________________________ ______________________________

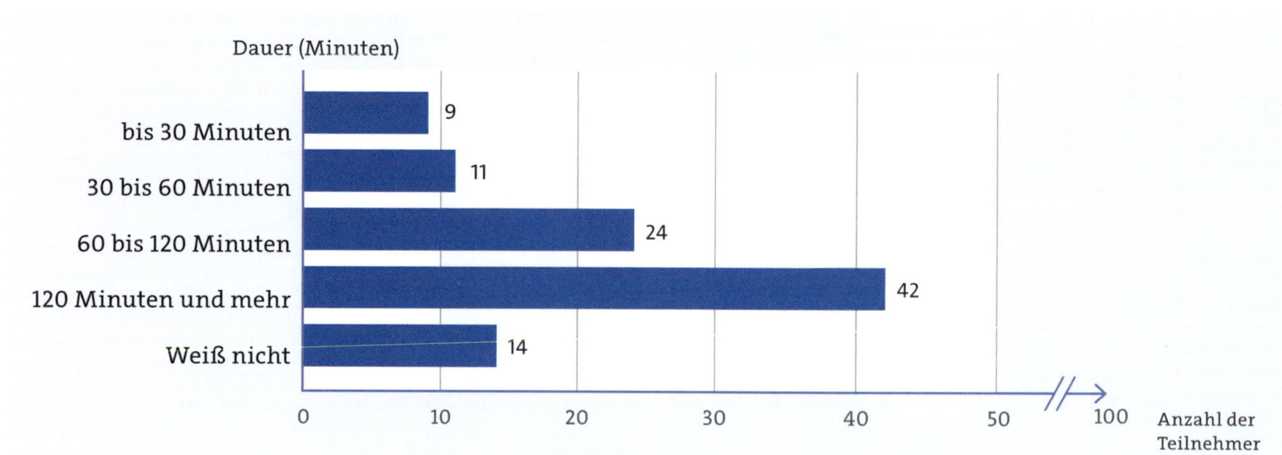

____

Bilder

Bilder werden **häufig ergänzend** in Sachtexten, Tabellen oder Diagrammen verwendet, um zu zeigen, was untersucht wird. Der Betrachter ergänzt das Bild selbst gedanklich um Vorwissen, Informationen und Fragestellungen.

➲ **Aufgabe 5**

a) Beschreibe die Bilder unter Verwendung der W-Fragen Was?, Wo? und Wer?.

b) Welche Aussage wird mit den Bildern getroffen?

➲ Aufgabe 6

Fasse die Informationen, die du durch die zwei Tabellen auf ► **Seite 16** und die zwei Bilder auf ► **Seite 23** erhältst, in einem Text zusammen.

Tipp: *Fertige zunächst wieder einen Stichwortzettel an, auf dem du die Informationen, die die Tabellen und Bilder geben, auflistest.*

Stichwortzettel

Eigener Text

Schaubilder

Schaubilder sind grafische Darstellungen eines Sachverhaltes oder von Informationen. Sie enthalten wenig Text, aber verschiedenartige Diagramme und auch Bilder.

Auf diese drei Teile musst du daher achten:

- → Text
- → Diagrammarten
- → Bilder

Sie haben die Aufgabe, allein mithilfe von Zahlen, Symbolen, Pfeilen und Farben viele Informationen zu geben.

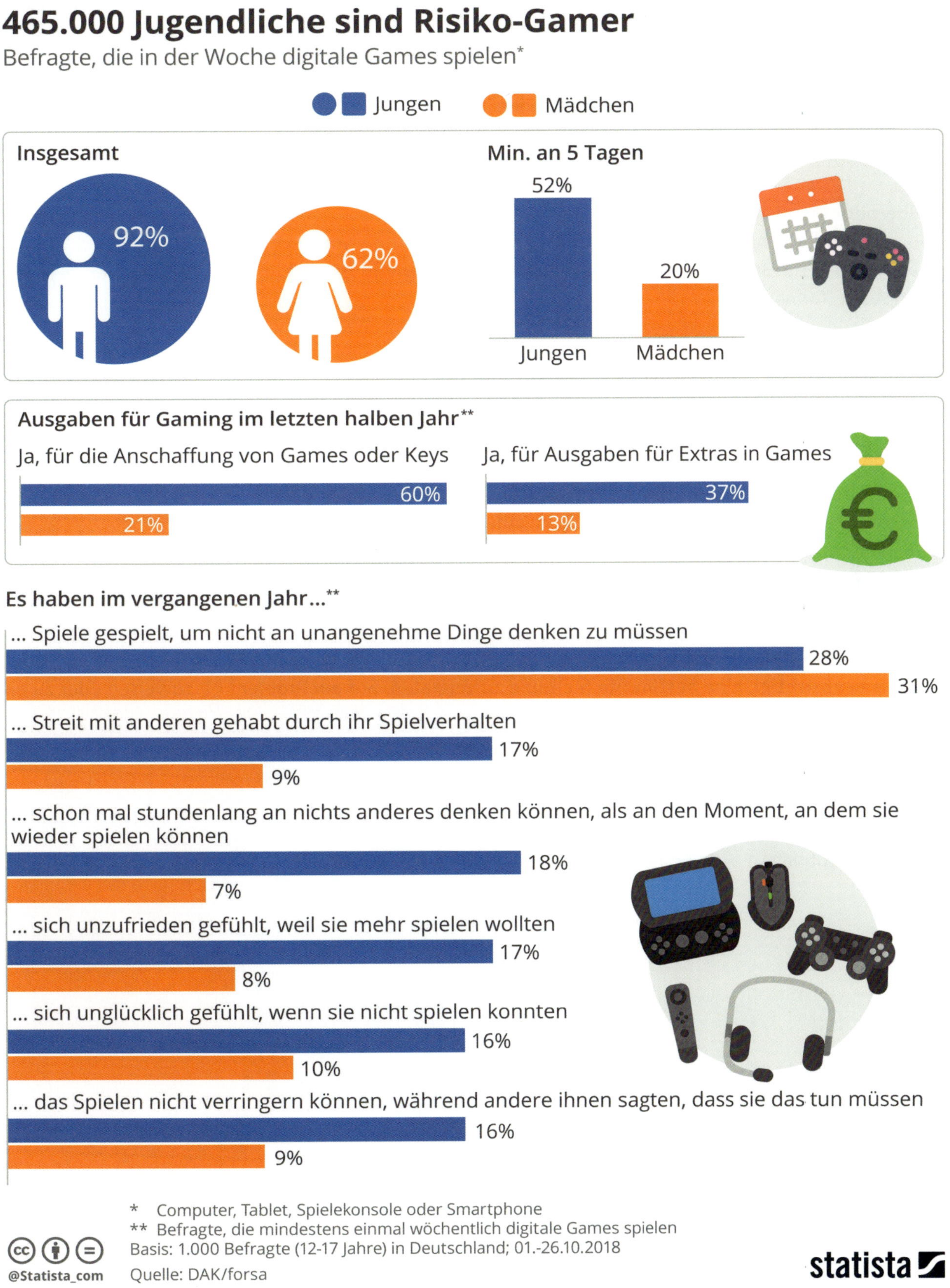

Quelle: https://cdn.statcdn.com/Infographic/images/normal/17241.jpeg (abgerufen am 01.10.2024)

Ein Schaubild verstehen und auswerten

Betrachte das Schaubild in Ruhe.

1. Thema: Wovon handelt das Schaubild?
→ Welche Titel und Untertitel sind vorhanden?
→ Was wird untersucht und/oder verglichen?
→ Wird in einer Legende erklärt, worum es geht?

2. Überblick verschaffen
→ Wie ist das Schaubild aufgebaut? (Bestandteile, Verhältnis von Text und Bild/Grafik)
→ Was sind die Bezugsgrößen (z. B. in Tausend, in Prozent, in Jahren) und die Maßangaben (z. B. Stück, Meter, Tonnen)?

3. Die Teile des Schaubilds beschreiben
→ Welche Diagrammarten liegen vor?
→ Was zeigen die Bilder?

4. Zahlen und Werte sorgfältig betrachten
→ Welche Bezugsgrößen und Maßangaben werden genau verwendet?
→ Werden Jahreszahlen oder ein Zeitraum aufgeführt?
→ Welche Werte sind auffällig, stechen hervor, sind besonders hoch oder niedrig, verändern sich?

5. Die Informationsabsicht festhalten
→ Von wem stammt das Schaubild?
→ Was soll mitgeteilt werden?
→ Ist beabsichtigt, eine bestimmte Meinung zu vertreten, auf ein Problem hinzuweisen oder zu einer Veränderung aufzurufen?

➲ **Aufgabe 7**

Werte das Schaubild auf ▶ **Seite 25** stichwortartig aus.

Karikaturen

Karikaturen findest du vor allem in Zeitungen, Zeitschriften oder im Internet. Sie beschäftigen sich meist **kritisch mit aktuellen Themen**. Der Zeichner, der so genannte **Karikaturist**, möchte mit der Karikatur etwas Bestimmtes aussagen oder bewirken.

Eine Karikatur verstehen und auswerten

1. Einen Überblick verschaffen und das Thema benennen
- → die Karikatur gründlich betrachten
- → auf die Details achten und überlegen, welche Zusammenhänge dargestellt oder gemeint sind

2. Beschreiben
- → Personen und ihre Handlungen, Gegenstände auf dem Bild beschreiben
- → auf Texte (z. B. Sprechblasen) und Bildunterschriften achten

3. Erklären
- → erklären, was mit den dargestellten Personen, ihren Handlungen und Gegenständen gezeigt wird

4. Auswerten
- → überlegen, was der Karikaturist aussagen möchte (z. B. äußert er sich mit seiner Karikatur positiv oder negativ einem bestimmten Thema gegenüber?)
- → prüfen, ob die Ansicht des Karikaturisten berechtigt ist oder ob sie vielleicht Fehler enthält
- → eigene Meinung begründet äußern: Wie wirkt die Karikatur auf dich und welche Gedanken ruft sie bei dir hervor?

Cartoon: iDad
von Piero Masztalerz

➲ Aufgabe 8

Werte diese Karikatur in deinem Heft stichwortartig aus.

Aufbau des Aufsatzes

Wie jeder Aufsatz ist auch die Erörterung dreigeteilt – **Einleitung, Hauptteil** und **Schluss**.
Baue nach jedem der drei Teile einen Absatz ein.

1 Einleitung

Die Einleitung soll **Interesse wecken** und zum **Thema hinführen.**
Sie setzt sich aus vier Bestandteilen zusammen:

1. **Einstieg in das Thema**
   zum Beispiel
   → historisches Ereignis/historischer Rückblick *oder*
   → aktuelles Ereignis *oder*
   → persönliches Erlebnis *oder*
   → Ergebnisse einer Studie/einer Umfrage *oder*
   → Definition bzw. Erklärung des zentralen Themenbegriffs *oder*
   → allgemeine Feststellung/Tatsache *oder*
   → eventuell Zitat aus Material
2. **Überleitung zur Themenfrage**
3. **Nennung der Themenfrage in eigenen Worten**
4. **Überleitung zum Hauptteil.**

Pass auf, dass du in der Einleitung noch kein Argument des Hauptteils vorwegnimmst!

2 Hauptteil

Im Hauptteil führst du nun deine **Argumente** aus. Es gibt keine Vorgabe, wie viele das sein müssen – das hängt vom Thema ab. Besprich die gewünschte Anzahl der Argumente am besten mit deiner Deutschlehrkraft.

Eingliedrige Erörterung

→ Bei der eingliedrigen Erörterung musst du nur in eine Richtung argumentieren. Deine Argumente ordnest du dabei **vom schwächsten zum stärksten** an.

Zweigliedrige Erörterung

→ Bei einer zweigliedrigen Erörterung führst du zunächst die erste Seite des Themas aus (z. B. Chancen/Ursachen) und dann die zweite (z. B. Risiken/Probleme).
Beginnen solltest du mit der Seite, die in der Aufgabenstellung zuerst genannt wird.
→ Die Anordnung der Argumente ist nicht vorgegeben. Typischerweise ordnet man sie vom schwächsten zum stärksten hin an.
→ Zwischen den zwei Seiten formulierst du noch eine **Überleitung**.

Mögliche Überleitungen

- → Einerseits ..., andererseits ...
- → Nachdem ich mich mit ... auseinandergesetzt habe, möchte ich nun zu ... kommen.
- → Obwohl die Schattenseiten/Pro-Argumente/Kontra-Argumente nicht ignoriert/außer Acht gelassen werden sollten, ...
- → Jede Thematik kann von zwei Seiten betrachtet werden; daher werden nachfolgend die Pro-/Kontra-Argumente aufgeführt.
- → Wurde bisher pro/kontra ... erörtert, sollen nun die Vorteile/Chancen bzw. Nachteile/Risiken zur Sprache kommen/thematisiert werden.
- → Es gibt sicherlich vieles, was dafür/dagegen spricht, jedoch ...

Das Sanduhrprinzip

Eine Besonderheit gibt es bei einer **Pro-Kontra-Themenstellung**.
Hier ordnest du die Argumente nach dem **Sanduhrprinzip** an.

- → Du beginnst mit der Seite, für die du ***nicht*** bist. Zuerst nennst du das stärkste Argument der Gegenseite und endest mit dem schwächsten.
- → Dann kommt der **Wendepunkt**.
- → Nun beginnst du mit dem schwächsten Argument deiner Seite und endest mit deinem stärksten Argument. So bleibt dieses am besten im Gedächtnis.

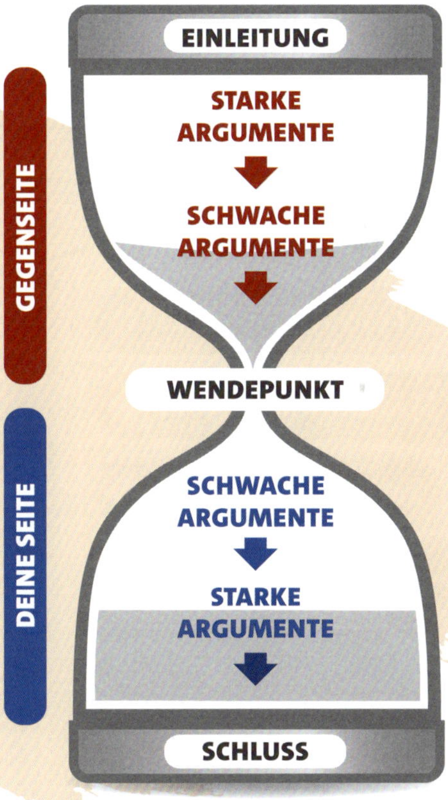

③ Schluss

Der Schluss rundet deine Erörterung ab. Denkbar sind dabei:

- → Äußerung eines Wunsches *oder*
- → Blick in die Zukunft *oder*
- → Aufzeigen der persönlichen Sicht auf das Thema *oder*
- → Darlegen eines Lösungsvorschlages

Wichtig ist, dass du zum einen nicht einfach alle Argumente nochmal in Kurzform wiederholst und zum anderen keine neuen Argumente anführst.

Gliederung

Das Anfertigen einer Gliederung ist verpflichtend. Sie soll deine **Gedankengänge** und den **Aufbau** deines Aufsatzes in Einleitung, Hauptteil und Schluss widerspiegeln.

Thematisch zusammengehörende Argumente fasst du unter **Oberbegriffen** – in den Beispielgliederungen (► **Seite 31 f.**) die römischen Ziffern – zusammen. In zweigliedrigen Erörterungen, bei denen du zwei Seiten erörtern musst, solltest du deine Argumente nach dem Sanduhrprinzip (► **Seite 29**) sortieren.

Hinweis

Es gibt mehrere Möglichkeiten, wie die Gliederung gestaltet werden kann. Sprich am besten mit deiner Deutschlehrkraft ab, welches System er/sie bevorzugt. Auf den nächsten beiden Seiten wird der „Klassiker" im Nominalstil ohne Verben mit Großbuchstaben, römischen und arabischen Ziffern vorgestellt. Möglich sind auch der Verbalstil und eine numerische Bezeichnung (z. B. 1, 1.1, 1.2 ...)

➲ **Aufgabe**

Du kannst deine Gliederung stilistisch aufwerten, indem du sie um Fremdwörter ergänzt.
Verbinde die Fremdwörter links mit ihrer deutschen Entsprechung rechts. Nutze dafür ein Lineal.

Fremdwort	Deutsche Entsprechung
Physischer Aspekt	auf das Innere bezogen
Psychischer Aspekt	auf den Körper bezogen
Medizinischer Aspekt	auf die Gefühle bezogen
Juristischer Aspekt	auf die Umwelt bezogen
Technologischer Aspekt	auf das Einfache und Nützliche bezogen
Sozialer Aspekt	auf das Lernen, Wissen und Können bezogen
Finanzieller Aspekt	auf die Wirtschaft/das Geld bezogen
Theologischer Aspekt	auf Gesetze bezogen
Ethischer Aspekt	auf das Geld bezogen
Bildungsaspekt	auf das Miteinander bezogen
Emotionaler Aspekt	auf die Gesundheit bezogen
Pragmatischer Aspekt	auf die Technik bezogen
Ökonomischer Aspekt	auf das richtige Verhalten bezogen
Ökologischer Aspekt	auf die Religionen bezogen

Eingliedrige Erörterung

SCHREIBAUFGABE

Viele Jugendliche verbringen täglich Zeit an ihrem Smartphone.
Erörtern Sie das Suchtrisiko sozialer Medien.

A Alltagsbeobachtungen: Nutzung von Smartphones und sozialen Medien bei Jugendlichen

B Suchtrisiko Jugendlicher bei der Verwendung sozialer Medien

I. Psychologischer Aspekt – Abhängigkeit
1. Ständige Verfügbarkeit und Belohnungseffekte
2. Ähnlichkeiten zu „klassischen" Suchterkrankungen

II. Sozialer Aspekt – Negative Auswirkungen auf das Verhalten
1. Vernachlässigung realer sozialer Kontakte zugunsten virtueller Interaktionen
2. Isolation und Vereinsamung

III. Medizinischer Aspekt – Beeinträchtigung von Alltag und Leistungen
1. Ablenkung und Prokrastination[1]
2. Schlafmangel und dessen Auswirkungen auf Gesundheit und Leistungsfähigkeit

IV. Psychologischer Aspekt – Langfristige Folgen
1. Erhöhtes Risiko für Depressionen und Angststörungen
2. Probleme mit dem eigenen Körperbild und Essstörungen

C Notwendigkeit medizinischer Aufklärungsarbeit

1 **Prokrastination** Hinausschieben und Verzögern von Aufgaben

Zweigliedrige Erörterung

SCHREIBAUFGABE

**Viele Jugendliche verbringen täglich Zeit an ihrem Smartphone.
Erörtern Sie das Suchtrisiko sozialer Medien und Computerspiele.
Gehen Sie anschließend auf den Einfluss der Corona-Pandemie auf die Internetnutzung Jugendlicher ein.**

A Aktuelle Studie zu Suchterkrankungen unter Jugendlichen

B Suchtrisiko sozialer Medien und Computerspiele sowie Auswirkungen der Corona-Pandemie auf die Internetnutzung Jugendlicher

I. Psychologischer Aspekt – Suchtrisiko sozialer Medien und Computerspiele

1. Abhängigkeit
   a) Ständige Verfügbarkeit und Belohnungseffekte
   b) Ähnlichkeiten zu „klassischen" Suchterkrankungen

2. Sozialer Aspekt – Negative Auswirkungen auf das Verhalten
   a) Vernachlässigung realer sozialer Kontakte zugunsten virtueller Interaktionen
   b) Isolation und Vereinsamung

3. Medizinischer Aspekt – Beeinträchtigung von Alltag und Leistungen
   a) Ablenkung und Prokrastination
   b) Schlafmangel und dessen Auswirkungen auf Gesundheit und Leistungsfähigkeit

II. Einfluss der Corona-Pandemie auf die Internetnutzung Jugendlicher

1. Pragmatischer Aspekt – Erhöhte Bildschirmzeit und Nutzungsdauer
   a) Lockdowns und Schulschließungen: Anstieg der Nutzungszeiten sozialer Medien und Spiele
   b) Digitale Alternativen zu sozialen Aktivitäten und realen Begegnungen

2. Psychologischer Aspekt – Verstärkung von Suchtgefahren
   a) Risiko von übermäßiger Nutzung durch Isolation und fehlende Alternativen im Alltag
   b) Kompensation[1] zunehmender Einsamkeit und psychischer Belastungen durch digitale Medien

3. Psychologischer Aspekt – Veränderte Gewohnheiten
   a) Langfristige Auswirkungen auf das Nutzungsverhalten nach der Pandemie
   b) Herausforderungen bei der Rückkehr zu „normalen" Offline-Aktivitäten

C Notwendigkeit medizinischer Aufklärungsarbeit

Hinweis

*Die Gliederungen sind sehr ausführlich. In der Prüfung musst du weniger Argumente aufführen.
Besprich am besten mit deiner Lehrkraft, wie viele Argumente gewünscht sind.
A, B und C können auch als vollständiger Satz formuliert werden.*

1 **Kompensation** Ausgleich

Aufbau eines Argoments

> **Hinweis**
>
> *Besprich mit deiner Deutschlehrkraft, ob sie eine Überleitung, Rückführung oder beides haben möchte.*

Die Argumente im Hauptteil sind der wichtigste Bestandteil deines Aufsatzes. Damit ein Argument überzeugen kann, darfst du nicht nur eine **Behauptung (These)** aufstellen, sondern musst diese mit einer ausführlichen **Begründung** und mindestens einem anschaulichen **Beispiel/Beleg** untermauern. Dann folgt die **Überleitung** und/oder **Rückführung** (Kurzzusammenfassung oder Schlussfolgerung) zum nächsten Argument.

Überzeugende Belege bzw. Beispiele können sein:

- → eine nachvollziehbare Erläuterung, warum etwas sinnvoll ist oder nicht
- → **Z**ahlen, **D**aten und **F**akten[1] aus den vorgegebenen Materialien
- → ein Zitat eines Experten, der sich mit dem Thema auskennt
- → ein treffendes Beispiel aus deinem eigenen Erfahrungsschatz

Wichtig ist, dass du dich nicht zu sehr auf deine Beispiele stützt, sondern deine Behauptung ausreichend begründest. Deine Begründung sollte also den Großteil deines Arguments ausmachen.
Ein Argument zum Thema *Suchtrisiko sozialer Medien und Computerspiele* könnte wie unten aussehen. Die Grafik auf der rechten Seite verdeutlicht dir noch einmal den Aufbau eines Arguments.

Online-Games können süchtig machen.

Für viele Jugendliche sind sie ein so wesentlicher Bestandteil ihres Lebens, dass sie sich den Alltag ohne nicht vorstellen können. „Bei 4,1 Prozent der 10- bis 17-Jährigen kann inzwischen von einer krankhaften Computerspielnutzung gesprochen werden.“ (Beispieltext, ▶ **Seite 14**) Vor allem männliche Kinder und Jugendliche sind von Online-Spielen abhängig, die darauf ausgelegt sind, dass die Spieler möglichst viel Zeit ingame verbringen, da eine Abwesenheit Nachteile mit sich bringt:

Manche fühlen sich von der Community vermisst, fürchten um den Verlust ihres Gamer-Levels oder befürchten, dass sie mit ihrem Equip (Ausrüstung) hinter die anderen zurückfallen und damit nicht mehr wettbewerbsfähig sind, wenn sie dem Spiel zu lange fernbleiben.
Diese Art der Spielsucht kann erhebliche Probleme wie Schlaflosigkeit, Konzentrationsschwierigkeiten, Leistungsabfall in Schule oder Ausbildung sowie/und Vernachlässigung sozialer Kontakte im realen Leben verursachen.

Aber nicht nur Online-Games bergen aufgrund ihres Designs ein Suchtpotenzial, sondern auch andere Online-Angebote.

1 Die Abkürzung ZDF (so wie der TV-Sender) kann dir als Merkhilfe dienen.

Tipps zur Formulierung der Argumentation

Tipp 1 Nutze geeignete nebenordnende und unterordnende Konjunktionen (Subjunktionen) sowie Adverbien, um deine einzelnen Argumente zu formulieren.

denn **doch** **folglich** **darum** **deshalb** **weil**

da **dass** **damit** **wenn** **obgleich**

„Zu viel Online-Zeit ist schädlich. Die Konzentration leidet darunter."

→ Besser sind folgende Formulierungen, weil sie den **Zusammenhang von Behauptung und Begründung** deutlich machen.

Zwei Hauptsätze:	Zu viel Online-Zeit ist schädlich. **Denn** die Konzentration leidet darunter.
Satzreihe:	Zu viel Online-Zeit ist schädlich, **denn** die Konzentration leidet darunter.
Satzgefüge:	Zu viel Online-Zeit ist schädlich, **weil** die Konzentration darunter leidet.

Aufgabe 1

Verbinde die folgenden Satzpaare unter Verwendung geeigneter Satzverbindungen jeweils zu

→ einer Satzreihe.
→ einem Satzgefüge.

Achtung: Manchmal muss die Reihenfolge der Sätze oder Satzglieder geändert werden.

a) *Ich habe nachmittags frei. Ich spiele mit meinen Freunden online.*

Satzreihe: ______

Satzgefüge: ______

b) *Soziale Medien können süchtig machen. Sie sollen User zum Verweilen animieren.*

Satzreihe: ______

Satzgefüge: ______

c) *Das neue Horrorspiel hat mir gefallen. Es war ziemlich gruselig.*

Satzreihe: ______

Satzgefüge: ______

d) *Ein Fernbleiben von Online-Games kann Stress auslösen. Die anderen spielen ja weiter.*

Satzreihe: ______

Satzgefüge: ______

Tipp 2 Bringe die Argumente innerhalb deines Textes in eine geordnete Reihenfolge.

Überlege dir, wie du deine **Argumente sinnvoll anordnen** und miteinander verknüpfen willst. In der Regel überzeugst du am besten, wenn du sie steigerst. Beginne also mit dem **schwächsten** Argument und nenne das **stärkste** Argument am Ende des Hauptteils, weil es dem Leser deiner Argumentation am ehesten in Erinnerung bleiben wird.

➲ Aufgabe 2

Mit bestimmten sprachlichen Wendungen kannst du die Steigerung deiner Argumente innerhalb deines Textes für den Leser deutlich machen. Ordne die folgenden sprachlichen Wendungen in die Tabelle ein.

Sprachliche Wendungen

Schließlich aber | Daran anschließend | Zum Zweiten | Am schwersten wiegt jedoch | Ein weiterer Gesichtspunkt ist | Vor allem sollte man | Von größter Bedeutung ist | ~~Zunächst gilt es zu beachten~~ | Im Übrigen gilt auch | Zu Beginn muss erwähnt werden | Noch stärker gilt | Darüber hinaus ist auch wichtig, dass | Gewichtiger ist da schon | Als Erstes ist zu bedenken

Beginn, …	Fortführung, …	Schluss der Argumentation
Zunächst gilt es zu beachten		

Thema 1 – Organspende

In diesem Abschnitt werden dir zwei Themen – Organspende und ChatGPT – mit jeweils verschiedenen Materialien vorgegeben. Auch wenn du in der Abschlussprüfung mehr Material analysieren musst, übst du hier, wie es zu bearbeiten ist. Ob dir dann 5, 10 oder gar 15 Materialien in der Prüfung vorliegen, spielt keine Rolle.

SCHREIBAUFGABE

Viele Menschen warten auf ein Spenderorgan. Sollte in Deutschland jeder ab 18 Jahren automatisch Organspender sein?
Erörtern Sie die Vor- und Nachteile einer solchen Regelung.

Lassen Sie die vorliegenden Materialien sowie Ihre eigenen Kenntnisse zum Thema in Ihre Argumentation einfließen. Aus den Materialien entnommene Informationen müssen Sie mit einer Quellenangabe kennzeichnen.

Tipp Zum ersten Thema der Organtransplantation werden dir Aufgaben gestellt, die dich kleinschrittig durch die Erschließung der Materialien führen.
Du hast zwei Möglichkeiten, die Aufgaben zu bearbeiten:

1. Lies zuerst alle Materialien zu einem Thema, schau dir die grafischen Darstellungen genau an und bearbeite anschließend alle Aufgaben nacheinander.
2. Nimm die Materialien nacheinander zur Kenntnis und bearbeite nach jedem Material direkt die dazugehörigen Aufgaben.

Material 1

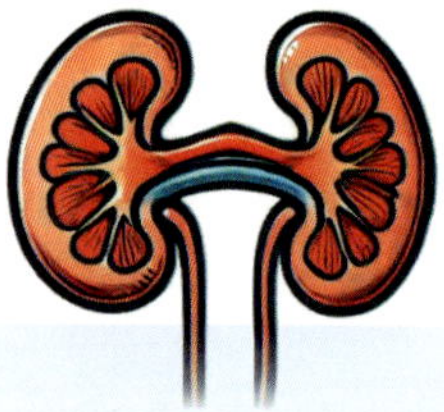

Stand der Warteliste für eine Organtransplantation

– Zahl der Patientinnen und Patienten auf der Warteliste, nach Organ –

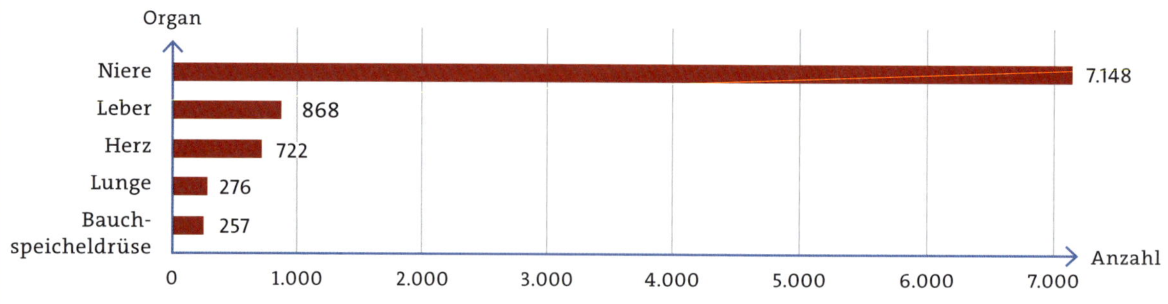

Stand: 31.12.2019. Es werden nur Patientinnen und Patienten aufgeführt, die zum Stichtag als transplantabel eingestuft waren.
Informationen entnommen aus: Deutsche Stiftung Organtransplantation 2020

Material 2

Zur Sache: Organspende (2019)

von Charlotte Schielke

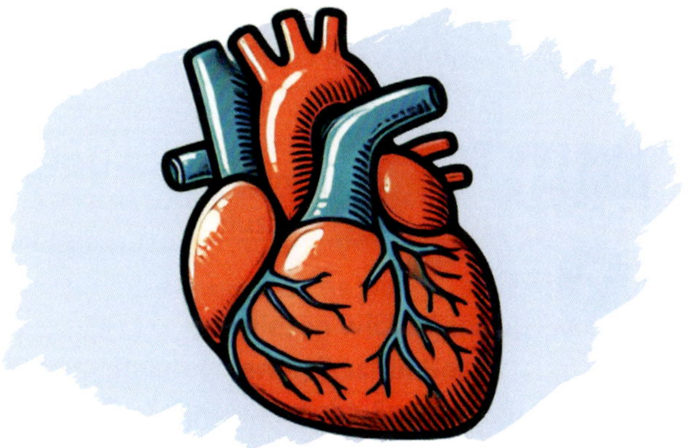

Mit einer Entscheidung für oder gegen eine Organ- und Gewebespende nehmen Sie Ihr Selbstbestimmungsrecht wahr. Mit einer entsprechenden Dokumentation Ihrer Entscheidung im Organspendeausweis oder einer Patientenverfügung[1] sowie der Information Ihrer Angehörigen sorgen Sie dafür, dass Ihr persönlicher Wille nach Ihrem Tod beachtet wird. Außerdem entlastet Ihre Entscheidung Ihre Angehörigen. Ohne Ihren dokumentierten Willen müssen Ihre Angehörigen nach dem ihnen bekannten oder mutmaßlichen Willen entscheiden. Lässt sich dieser nicht feststellen, werden sie gebeten, nach ihrer eigenen Auffassung zu entscheiden. Für viele Angehörige ist dies eine emotional belastende Situation.

Organe und/oder Gewebe dürfen nur entnommen werden, wenn

1. der unumkehrbare Funktionsausfall von Großhirn, Kleinhirn und Hirnstamm (Hirntod) festgestellt wurde.
2. eine Einwilligung zur Entnahme vorliegt. Die Einwilligung kann entweder durch eine Einverständniserklärung der Spenderin/des Spenders (z. B. im Organspendeausweis, in der Patientenverfügung) oder durch eine von ihr/ihm dazu bestimmte Person erfolgen. Anderenfalls können Angehörige im Sinne der verstorbenen Person einer Entnahme zustimmen.

Eine Organentnahme wird in der Regel ausgeschlossen, wenn bei der verstorbenen Person eine akute Krebserkrankung oder ein positiver HIV[2]-Befund vorliegt. Bei der Gewebespende gibt es absolute und vom jeweiligen Gewebe abhängige Ausschlussgründe. Über die Frage, ob ein Organ oder Gewebe transplantiert werden kann, entscheiden medizinische Tests nach dem Tode – und letztlich der Arzt, der die Organe oder Gewebe transplantiert.

Ab dem vollendeten 16. Lebensjahr können Jugendliche ohne Zustimmung einer bzw. eines Erziehungsberechtigten ihr Einverständnis zur Organ- und/oder Gewebespende erklären und bereits ab dem vollendeten 14. Lebensjahr einer Spende widersprechen. Es gibt keine feste obere Altersgrenze für eine Organ- und Gewebespende. Entscheidend ist der Zustand der Organe und Gewebe. Dieser hängt jedoch nur bedingt vom kalendarischen Alter ab.

Als Organe können Sie das Herz, die Lunge, die Leber, die Nieren, die Bauchspeicheldrüse und den Dünndarm spenden. Als Gewebe können Sie die Augenhornhaut, Herzklappen, Haut, Blutgefäße, Knochen-, Knorpel- und Weichteilgewebe sowie Gewebe aus Bauchspeicheldrüse oder Leber spenden.

Tragen Sie den Organspendeausweis immer bei den Personalpapieren. Informieren Sie auch Angehörige oder nahestehende Personen über Ihre Entscheidung. Teilen Sie der Person, die Sie zur Umsetzung Ihrer Patientenverfügung beauftragt haben, mit, wo Ihre Patientenverfügung zu finden ist. Stellen Sie sicher, dass die Bevollmächtigten unmittelbar Zugriff auf die Patientenverfügung haben. Hier kann zum Beispiel ein Hinweis in der Geldbörse helfen, wo das Original hinterlegt ist und wer gegebenenfalls Bevollmächtigter ist.

Quelle: BZgA (Hrsg.). *Häufige Fragen zur Organ- und Gewebespende, entscheiden.* Köln 2019, S. 30 f. Gekürzt.

1 **Patientenverfügung** Festlegung, welche medizinischen Behandlungen man wünscht oder ablehnt, wenn man selbst nicht mehr entscheiden kann

2 **HIV** Virus, das das Immunsystem schwächt und unbehandelt zu AIDS führen kann

Material 3

Organspende – eine Entscheidung treffen (2018)

Interview mit Hausärztin Marion Renneberg, geführt von Steffen Wüller im Auftrag der BZgA[1]

BZgA: Sie haben in Ihrer Praxis Informationsmaterialien zum Organspendeausweis ausliegen. Ihnen scheint das Thema am Herzen zu liegen.
Marion Renneberg: Ja, so ist es. Mir ist früh klar geworden, dass jeder von uns ganz plötzlich zur Empfängerin oder zum Empfänger werden kann. Genauso kann es passieren, dass ich in die Situation komme, in der ich zur potenziellen Spenderin werde.

BZgA: Haben Sie Patientinnen oder Patienten, die ein Spenderorgan erhalten haben und die Sie während der Wartezeit auf ein Organ betreut haben?
Marion Renneberg: Ja, einige. Wissen Sie, ich habe Menschen kennengelernt, die lange auf ein Organ gewartet haben. Ich habe gesehen, wie belastend das für die Betroffenen und für die Angehörigen ist. Ich kenne Menschen, die das Glück hatten, ein Organ zu bekommen. Und ich erlebe die große Freude, mit der sie ihr zweites Leben leben.

BZgA: Wenn Sie die Sorge und Freude miterleben, empfinden Sie es da nicht manchmal als Herausforderung, ergebnisoffen zur Organspende zu informieren?
Marion Renneberg: Ganz und gar nicht. Meine Aufgabe ist es, Patientinnen und Patienten zu informieren. Jeder muss seine eigene Entscheidung treffen. Und die Entscheidung kann durchaus auch ein Nein auf dem Organspendeausweis sein. Das ist vollkommen in Ordnung. Mein Ziel ist der mündige Patient. Jemand, der weiß, was in seinem Körper los ist, und die Entscheidungen für sich trifft.

BZgA: Was können Sie in Ihrer Rolle als Hausärztin tun, damit mehr Menschen ihre persönliche Entscheidung für oder gegen eine Organspende treffen?
Marion Renneberg: Wir genießen bei unseren Patientinnen und Patienten in der Regel ein sehr hohes Vertrauen. Bei intimen Fragen und in verschiedenen Lebenssituationen sind wir wichtige Ansprechpartner. Dies gilt auch für das sehr sensible Thema Organspende. Wer sich mit Organspende beschäftigt, muss an sein Lebensende denken. Das schiebt man gerne vor sich her. Ich halte das persönliche Gespräch für wichtig. Es kommt dabei auch auf die richtige Situation an.

BZgA: Mit welchen Fragen kommen Ihre Patientinnen und Patienten auf Sie zu?
Marion Renneberg: Es gibt typische Fragen. Zum Beispiel: „Bin ich zu alt, um Organspender zu werden?" oder „Welche Organe darf ich spenden? Darf ich bestimmen, welche Organe ich spenden möchte, oder Organe ausschließen? Was passiert, wenn ich eine Patientenverfügung habe?" Und dann ist da häufig die Angst, ob man bei der Organentnahme wirklich tot ist oder was mit dem Terminus[2] „Hirntod" gemeint ist. Da spüre ich immer wieder Unsicherheiten. Das Thema Tod ist einfach angstbesetzt.

BZgA: Wie können Sie die Angst nehmen?
Marion Renneberg: Ich versuche, die Patientinnen und Patienten zu informieren und individuell zu beraten. Fakten und Informationen nehmen diese Ängste häufig. Es gibt gute Informationsmaterialien, die ich direkt mitgeben kann.

BZgA: Viele Menschen meiden die Auseinandersetzung mit dem Thema Organspende. Haben Sie Verständnis dafür?

Marion Renneberg: Klar, aber ich persönlich finde es falsch, keine Entscheidung zu treffen. Ich finde es wichtig, sich irgendwann mit der eigenen Organspendebereitschaft auseinanderzusetzen und die Entscheidung auch zu dokumentieren. Und sei es, um den Angehörigen diese Entscheidung im Zweifel abzunehmen. Hier sind wir beim zentralen Argument für den Organspendeausweis: Niemand kann wollen, dass die engsten Angehörigen auf der Intensivstation eine Entscheidung für oder gegen eine Organentnahme treffen müssen.

Quelle: BZgA (Hrsg.). *Wir Hausärzte sind wichtige Ansprechpersonen für Fragen zur Organspende.* Interview mit Hausärztin Marion Renneberg 2018. Zugriff unter https://www.organspende-info.de/hausarzt/interview-mit-marion-renneberg.html (abgerufen am 06.10.2024). Gekürzt.

1 **BZgA** Bundeszentrale für gesundheitliche Aufklärung
2 **Terminus** (Fach-)Begriff

Material 4

Anzahl der postmortalen[1] Organspender in Deutschland

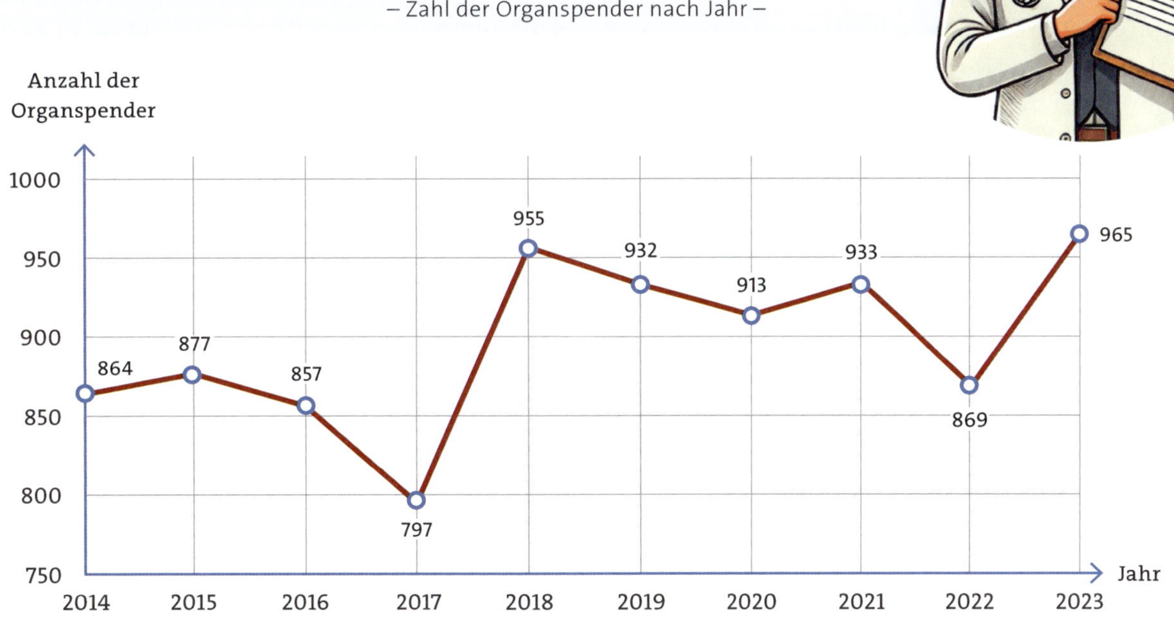

Informationen entnommen aus: Jahresbericht Organspende und Transplantation 2023, herausgegeben von der Deutschen Stiftung Organtransplantation.

1 **postmortal** nach dem Tod

Material 5

Eine Spende muss freiwillig bleiben (2019)

von Christa Roth

Seit April [2019] ist die vom Bundestag beschlossene zweite gesetzliche Änderung des Transplantationsgesetzes – die Verbesserung der Zusammenarbeit und der Strukturen bei der Organspende (GZSO) – rechtskräftig. Krankenhäuser erhalten mehr Zeit und Geld für Transplantationen. Und bei knapp 10.000 Patienten in Deutschland steigt die Hoffnung, nicht mehr lange auf ein Spenderorgan warten zu müssen.

Geht es nach Bundesgesundheitsminister Jens Spahn (CDU), kommt dieses Jahr aber noch eine weitere Gesetzesanpassung: Ihr zufolge sollen künftig alle Bürger potenzielle Organspender sein, solange sie selbst oder ihre nächsten Angehörigen nicht widersprechen. Befürworter erhoffen sich kürzere Wartezeiten auf Organe. Kritiker dagegen sorgen sich, im Todesfall zu einem Ersatzteillager gemacht zu werden. [...]

Bislang konnte in Deutschland nur Spender werden, wer dem Eingriff nachweislich zugestimmt hat. Es gibt jedoch kein Register, das den persönlichen Entschluss festhält. Erkennbar macht man sich zum Beispiel durch das Mitführen eines Dokuments oder durch eine Patientenverfügung. Einer Umfrage der Bundeszentrale für gesundheitliche Aufklärung zufolge heißen 84 Prozent der Deutschen eine Organspende prinzipiell gut. Aber nur 36 Prozent besitzen einen Organspendeausweis, aus dem ihre Position hervorgeht.

Woher kommt diese Diskrepanz[1]? Vernachlässigen viele einfach, sich um einen Organspendeausweis zu kümmern? Oder sind sie sich zu unsicher, um eine Entscheidung zu treffen? [...] Organspende-Kampagnen informieren zwar, gehen aber längst nicht auf alle Argumente ein und bieten deshalb keine umfassende, ergebnisoffene Aufklärung. [...] Leider scheint eine bessere gesellschaftliche Auseinandersetzung bislang nicht Teil der vorgesehenen Gesetzesanpassungen zu sein und wird – im Gegensatz zum Deutschen Ethikrat – etwa von der DSO[2] auch nicht gefordert. Allerdings sieht die den Grund für niedrige Organspendezahlen nicht in der vermeintlich mangelnden Spendenbereitschaft. Ursächlich seien vielmehr die problematischen Abläufe in den Entnahmekliniken. Mögliche Spender zu erkennen, Meldung bei der DSO zu erstatten und alles für eine Transplantation vorzubereiten bedeutet einen Mehraufwand, den manches Krankenhaus scheut. Das bestätigen Untersuchungen der Universitäten Kiel und Jena.

Der Forderung vieler Ärzte, dieses organisatorische Defizit[3] mit finanzieller Unterstützung durch die Politik zu beheben, um so die Zahl der gespendeten Organe erheblich zu steigern, trägt das GZSO[4] bereits Rechnung. Wozu dann noch die Aufhebung der Zustimmungspflicht?

Ein unterlassener Widerspruch darf nicht als Zuspruch gewertet werden. Eine Entscheidung in dieser persönlichen Frage sollte nicht getroffen werden müssen, sondern – genauso wie die Spende selbst – auf freiwilliger Basis jedes Einzelnen geschehen. So wie kein Mensch das Recht auf eine Organspende hat, so darf sich dieses auch der Staat nicht mittels Gewaltmonopol konstruieren. Vorzuschreiben, wann und auf welche Weise man sich mit dem eigenen Sterben zu beschäftigen hat, entspricht einem Zwangssystem, das auch dann abzulehnen ist, wenn andere Staaten es praktizieren. Zumindest so lange, bis eine Volksbefragung zur Widerspruchsregelung den zustimmenden Konsens der Bevölkerung anzeigt. Aber die scheint – übrigens im Gegensatz zum Hirntod-Konzept – momentan tabu.

Quelle: Christa Roth: *Eine Spende muss freiwillig bleiben*. Zugriff unter https://www.fluter.de/widerspruchsl%C3%B6sung-organspende-pro-contra (abgerufen am 06.10.2024). Gekürzt.

1 **Diskrepanz** Missverhältnis zwischen zwei Dingen
2 **DSO** Deutsche Stifung Organtransplantion
3 **Defizit** Mangel
4 **GZSO** Gesetz für bessere Zusammenarbeit und bessere Strukturen bei der Organspende

➲ Aufgabe 1

a) Welche Form der grafischen Darstellung wurde für **Material 1** und **4** gewählt? Kreuze an.

Material 1	☐ **Balkendiagramm**	☐ **Kurvendiagramm**	☐ **Kreisdiagramm**	☐ **Tabelle**
Material 4	☐ **Balkendiagramm**	☐ **Kurvendiagramm**	☐ **Kreisdiagramm**	☐ **Tabelle**

b) Vergleiche die beiden Materialien miteinander. Welche Aussage kannst du bezüglich des Verhältnisses von Warteliste und Spenderanzahl treffen? Antworte in einem vollständigen Satz.

____

____

➲ Aufgabe 2

a) Welche Aussagen treffen auf **Material 2** zu, welche nicht? Kreuze an.

Aussage	✓ richtig	✗ falsch
1. Der Zustand der Organe hängt ausschließlich vom Alter des Spenders ab.	○	○
2. Liegt kein Organspendeausweis vor, müssen im Todesfall die Angehörigen entscheiden.	○	○
3. Ab 14 Jahren kann man selbst einer Organspende zustimmen.	○	○
4. Auch bei einer akuten Krebserkrankung können Organe gespendet werden.	○	○

b) Im Text heißt es:

„Als Gewebe können Sie die Augenhornhaut, Herzklappen, Haut, Blutgefäße, Knochen-, Knorpel- und Weichteilgewebe sowie Gewebe aus Bauchspeicheldrüse oder Leber spenden.“ (**Material 2**, S. 37, Z. 31 f.)

Um welches Stilmittel handelt es sich bei den unterstrichenen Wörtern?
Kreuze an und begründe deine Entscheidung.

☐ **Anapher** ☐ **Aufzählung** ☐ **Ellipse** ☐ **Vergleich**

Begründung: ______________________________

____

____

➲ Aufgabe 3

Zitiere jeweils den Satz aus **Material 3**, der den folgenden Aussagen entspricht. Achte auf eine korrekte Zitierweise (► **Seite 8**).

a) *Es ist sehr belastend für die Betroffenen und die Angehörigen, wenn sie lange auf Organe warten müssen.*

____

____

____

b) *Die eigene Entscheidung kann in einem Organspendeausweis auch ein Nein sein.*

____

____

____

➲ Aufgabe 4

a) Wird in **Material 5** pro oder kontra die Themenfrage argumentiert?
Antworte in einem vollständigen Satz.

____

____

b) Kreuze die zutreffenden Aussagen zu **Material 5** an.

- ☐ **Der Großteil der Deutschen ist grundsätzlich gegen eine Organspende.**
- ☐ **Um die Spenderanzahl zu erhöhen, will der Bundesgesundheitsminister alle Bürger zu Spendern machen, die nicht widersprechen.**
- ☐ **Der Hauptgrund für die niedrigen Spenderzahlen liegt in den Abläufen in den Krankenhäusern.**
- ☐ **Lediglich ein Viertel der Deutschen besitzt einen Organspendeausweis.**

c) Nenne stichpunktartig drei Aspekte, die Organtransplantationen für die Kliniken aufwendig machen.

____

____

____

d) Fasse die Meinung der Autorin von **Material 5** in ein bis zwei Sätzen zusammen.

____

____

____

____

Aufgabe 5

Markiere im folgenden Text, wo du den jeweiligen Baustein wiederfindest. Notiere die Begriffe am Rand.

erstes Argument | drittes Argument | Standpunkt des Verfassers | Wecken von Interesse | Verweis auf Materialien | sechstes Argument | Aufgreifen der Themenfrage | siebtes Argument | Einleitung | viertes Argument | zweites Argument | Überleitung/Drehpunkt | letztes und wichtigstes Argument | fünftes Argument | Schluss

Hinweis

Bei den Zitaten wurde „Material" ausgeschrieben. Kläre mit deiner Deutschlehrkraft, ob auch die Abkürzung „M" genügt. Besprich auch das Verhältnis von Materialbezug sowie eigenem Wissen und Erfahrungen.

Musteraufsatz – *Organspende*

von Julia Biedermann

Ersatzteillager wider Willen oder Lebensretter nach dem Tod? Die gesetzliche Regelung der Organspende ist ein kontroverses Thema, das sowohl ethische als auch pragmatische Aspekte umfasst. 2023 gab es 965 Organspender, 2022 waren es lediglich 869 (vgl. **Material 4**). „Bislang konnte in Deutschland nur Spender werden, wer dem Eingriff nachweislich zugestimmt hat." (**Material 5**) Dies wird jedoch nicht zentral erfasst, sondern nur auf einem Organspendeausweis festgehalten – wird dieser im Todesfall nicht gefunden, ist der Wille des Patienten unklar und im Zweifel können keine Organe entnommen werden. Angesichts langer Wartelisten für Spenderorgane stellt sich allerdings die Frage: Sollte in Deutschland jeder ab 18 Jahren automatisch Organspender sein?

Dagegen sprechen zum einen ethische Bedenken: „Ein unterlassener Widerspruch darf nicht als Zuspruch gewertet werden." (**Material 5**) Ein automatisches Organspendesystem könnten Kritiker als Eingriff in die persönliche Freiheit und Selbstbestimmung ansehen. Viele Menschen empfinden es als unangemessen, dass der Staat über ihren Körper nach dem Tod entscheidet. Dies kann unter Umständen zu Widerstand und Unmut in der Bevölkerung führen – was wiederum mehr Widersprüche gegen die Organspende zur Folge haben könnte. Damit wäre also das genaue Gegenteil des gewünschten Effekts erreicht.

Ein weiterer Gesichtspunkt sind religiöse und kulturelle Überzeugungen, die die Einstellung zur Organspende beeinflussen. Ein automatisches System könnte mit den Werten der Bürgerinnen und Bürger kollidieren. So wird beispielsweise im Judentum eine Spende zu Lebzeiten als Akt der Nächstenliebe bezeichnet, eine postmortale Organentnahme ist jedoch strittig. Denn der Tod ist aus jüdischer Sicht erst eingetreten, wenn das Herz und die Atmung stillstehen. Im Falle einer Organentnahme müssen die Körperfunktionen des Spenders jedoch künstlich aufrechterhalten werden, damit das Gewebe keinen Schaden nimmt.

Aber auch die mangelnde Aufklärung könnte sich als problematisch erweisen, da eine solche Regelung voraussetzt, dass die Bevölkerung ausreichend über das Thema Organspende informiert ist. Ansonsten bleibt unverständlich, was es bedeutet, automatisch als Spender zu gelten. Dies könnte zu Ängsten und Vorurteilen führen. Wer etwa Schwierigkeiten beim Lesen hat, dem fällt es schwer, sich zu informieren. Eine Hürde, die viele betrifft: Etwa 6,2 Millionen der deutschsprachigen Erwachsenen können hierzulande nur eingeschränkt lesen und schreiben. Neben der Lesefähigkeit spielt auch das inhaltliche Verständnis der verfügbaren Informationen eine Rolle.

Darüber hinaus betrachten Kritiker eine Aufhebung der Zustimmungspflicht als grundsätzlich unnötig. Der Hauptgrund für die zu niedrigen Spenderzahlen liegt in den aufwendigen Abläufen in den Entnahmekliniken. Denn diese müssen potenzielle Spender erkennen, bei der Deutschen Stiftung Organtransplantation melden und schließlich die Transplantation vorbereiten. „Der Forderung vieler Ärzte, dieses organisatorische Defizit mit finanzieller

Unterstützung durch die Politik zu beheben, um so die Zahl der gespendeten Organe erheblich zu steigern, trägt das GZSO bereits Rechnung." (**Material 5**) So werden die Kliniken bereits unterstützt, um das Problem an der Wurzel anzugehen. Doch ist das wirklich ausreichend oder bieten sich mit einer Änderung der Regelung mehr Chancen, schwerkranken Patienten zu helfen, die auf ein Spenderorgan angewiesen sind?

Für die sogenannte Widerspruchslösung sprechen zum einen die Solidarität und gesellschaftliche Verantwortung des Einzelnen: Eine solche Regelung könnte das Bewusstsein für die Bedeutung der Organspende in der Gesellschaft stärken. Wenn jeder automatisch als Spender gilt, wird die Verantwortung für die Gesundheit und das Leben anderer stärker in den Fokus gerückt. Es ist denkbar, dass dies zu einer solidarischeren Gesellschaft führen könnte. Schließlich kann „jeder von uns ganz plötzlich zur Empfängerin oder zum Empfänger werden." (**Material 3**) Bei einem Unfall oder einer Erkrankung können Organe so schwer geschädigt werden, dass sie nicht mehr funktionieren.

Zum anderen ist es möglich, dass eine Gesetzesänderung das Treffen einer persönlichen Entscheidung vereinfachen. Derzeit muss jeder, der Spender werden möchte, aktiv darüber entscheiden und seinen Entschluss schriftlich festhalten. Ein automatisches System würde diesen Prozess vereinfachen und die Notwendigkeit, sich mit dem Thema eigenständig auseinanderzusetzen, verringern. Dies könnte dazu führen, dass mehr Menschen sich mit der Thematik befassen und informierte Entscheidungen treffen: Will ich spenden oder nicht?

Davon profitieren alle Beteiligten. Denn wurde zu Lebzeiten keine Entscheidung dokumentiert, müssen sich im Ernstfall die Angehörigen im Krankenhaus damit auseinandersetzen, während sie ohnehin bereits mit ihrer Trauer konfrontiert werden. (vgl. **Material 2**) „Wer sich mit Organspende beschäftigt, muss an sein Lebensende denken. Das schiebt man gerne vor sich her." (**Material 3**) Meist ist dann unklar, was der Verstorbene gewünscht hätte – im Zweifel wird in diesem Szenario die Organentnahme verweigert. So war 2018 gerade mal bei 41 Prozent der verweigerten Entnahmen die Ablehnung durch den Verstorbenen tatsächlich bekannt. Als mein Großvater starb, war es ähnlich. Er hatte sich nicht dazu geäußert, ob seine Organe gespendet werden sollten, und so entschied die Familie sich dagegen.

Entscheidend ist letzten Endes, dass ein automatisches Organspendesystem die Anzahl der verfügbaren Organe erheblich steigern könnte. In Deutschland gibt es einen gravierenden Mangel an Spenderorganen, was dazu führt, dass tausende Menschen auf Wartelisten stehen und möglicherweise nicht rechtzeitig ein passendes Organ erhalten. Im Jahr 2019 warteten allein 7.148 Menschen auf eine Spenderniere (vgl. **Material 1**). Durch eine automatische Regelung könnten mehr Leben gerettet werden: Theoretisch ist es möglich, jedem Spender bis zu sieben Organe zu entnehmen – Gewebe wie Haut, Blutgefäße oder Knochen nicht mitgezählt. Ein Spender kann somit für sieben fremde Menschen den entscheidenden Unterschied machen.

Beim Thema Organspende gehen die Meinungen weit auseinander und die Frage, ob jeder Erwachsene automatisch Spender sein sollte, wenn er nicht ausdrücklich widerspricht, ist umstritten. „Befürworter erhoffen sich kürzere Wartezeiten auf Organe. Kritiker dagegen sorgen sich, im Todesfall zu einem Ersatzteillager gemacht zu werden." (**Material 5**) Die Widerspruchslösung würde dieser Meinungsvielfalt Rechnung tragen und individuelle Entscheidungen respektieren, denn es steht jedem weiterhin frei abzulehnen. In Europa ist diese Organspenderegelung die am meisten verbreitete – warum also nicht auch in Deutschland?

➲ **Aufgabe 6**

Verfasse selbst eine vollständige Erörterung mit Einleitung, Hauptteil und Schluss zur Schreibaufgabe von ► **Seite 36** *(Organspende)* in deinem Heft.

Thema 2 – ChatGPT

*Anhand von Thema 1 hast du die Argumentation ausführlich geübt.
Thema 2 bearbeitest du nun selbstständig.*

SCHREIBAUFGABE

Erörtern Sie die Chancen und Gefahren von KI-Sprachmodellen anhand von ChatGPT.

Lassen Sie die vorliegenden Materialien sowie Ihre eigenen Kenntnisse zum Thema in Ihre Argumentation einfließen. Aus den Materialien entnommene Informationen müssen Sie mit einer Quellenangabe kennzeichnen.

Material 1

ChatGPT-Entwickler wird von US-Schriftstellern verklagt (2023)

von Eva Lauenstein

Viele US-Autoren, wie der *Game of Thrones*-Autor George R.R. Martin, verklagten die Firma OpenAI wegen Urheberrechtsverletzungen. Der ChatGPT-Entwickler habe ihre Werke zum Trainieren von Künstlicher Intelligenz verwendet, ohne sie um Erlaubnis zu bitten.

Die Kläger argumentieren, dass die KI ChatGPT im großen Stil mit dem geistigen Eigentum der Autoren trainiert wird und dies den Lebensunterhalt aller bestohlenen Autoren gefährdet, da ChatGPT die Texte für jedermann automatisch und kostenlos bzw. sehr günstig erstellt, die man vor ChatGPT bei einem Autor in Auftrag gegeben hat.

Die KI wurde mit öffentlich auffindbaren Texten aus dem Internet gefüttert. Nutzer können durch Textnachrichten mit dem Chatbot durch Algorithmen kommunizieren. OpenAI hat nie die Quellen zum Trainieren seiner KI bekannt gegeben.

Die Kläger rügen[1] ebenfalls, dass ChatGPT dem Nutzer ermöglicht, sich Texte im Stil verschiedener Autoren schreiben zu lassen. Deren Schreibstil konnte die KI sich aus bisherigen Werken aneignen, die so dazu beitragen, ihrem eigenen Schöpfer zu schaden. Die Autoren fordern von OpenAI Schadenersatz und dass ihre Werke nicht ohne ausdrückliche Genehmigung verwendet werden dürfen.

OpenAI verkündete, sie würden die Rechte der Autoren respektieren und glauben, dass die Autoren von KI-Technologie profitieren. Die Entwickler befinden sich in produktiven Gesprächen mit vielen hellen Köpfen weltweit, darunter auch die Authors Guild, Amerikas ältester und größter Berufsorganisation für Schriftsteller, und man arbeite gemeinsam daran, die Bedenken und Vorbehalte gegenüber Künstlicher Intelligenz zu verstehen und einen Konsens[2] zu finden.

Quelle: Eva Lauenstein: ChatGPT-Entwickler wird von US-Schriftstellern verklagt. In: *Sicher zum Mittleren Bildungsabschluss Deutsch Saarland.* Berkheim/Illerbachen: Krapp & Gutknecht Verlag 2024, S. 24. Gekürzt.

1 **rügen** beanstanden, kritisieren
2 **Konsens** Zustimmung aller Beteiligten zu einem Vorschlag oder Lösung ohne größere Meinungsverschiedenheiten

Material 2

Ein neues Zeitalter des Wissens? (2023)

von Fabian Krapp

ChatGPT ist eine Software des Herstellers OpenAI und derzeit in aller Munde. Dem Chatbot[1] können mittels Text- und Bildeingabe Fragen bzw. Aufgaben gestellt werden, ChatGPT antwortet dann in vollständigen Sätzen und auch längeren Texten.

ChatGPT ist eine generative künstliche Intelligenz und damit Software, die speziell auf das Generieren[2] von Inhalten ausgehend von einer Anfrage ausgelegt ist. Der große Fortschritt zu bisherigen Chatbots ist, dass das Sprachmodell von ChatGPT mit einer großen Menge sogenannter Trainingsdaten gefüttert bzw. „trainiert" wurde und damit eine Vielzahl an digitalisierten Fachbüchern und Internetinhalten „gelesen" bzw. verarbeitet hat. ChatGPT hat also nicht nur die Fähigkeit, Texte zu erstellen, sondern besitzt darüber hinaus noch sehr viel Wissen aus unterschiedlichsten Fachbereichen.

Diese Fähigkeiten verwenden Nutzer von ChatGPT, um sich Informationen und Zusammenhänge zu bestimmten Themen erklären zu lassen, fachliche Fragen und sogar Programmieraufgaben lösen zu lassen und natürlich auch, um Texte zu bestimmten Themen erstellen zu lassen. Manche sehen darin großartige Möglichkeiten, andere wiederum haben Bedenken. Diese Sorge ist berechtigt, denn ChatGPT wurde bereits in Abiturprüfungen zum Schummeln[3] eingesetzt und ist mittlerweile auch dazu in der Lage, diese Prüfungen gut zu bestehen.

Ein wesentlicher Unterschied zu bisherigen Suchmaschinen ist, dass ChatGPT Informationen und Inhalte direkt in Zusammenhang bringt und als Text ausgibt. Eine Anfrage auf google.de gibt nach der Eingabe von Suchbegriffen eine Liste an potentiell interessanten Webseiten aus. Durchsuchen und verwerten muss man diese Ergebnisse jedoch selbst. ChatGPT beantwortet Anfragen nicht mit einer Liste möglicherweise passender Inhalte, sondern antwortet direkt inhaltlich mit vollständigen Texten und gibt auch Quellen an. Die Frage ist nur: Können wir der KI alles glauben, was sie uns schreibt?

Quelle: Fabian Krapp: Ein neues Zeitalter des Wissens? In: *Sicher zum Mittleren Bildungsabschluss Deutsch Saarland.* Berkheim/Illerbachen: Krapp & Gutknecht Verlag 2024, S. 23. Gekürzt.

1 **Chatbot** Dialogsystem, das einen Chat mit einer künstlichen Intelligenz ermöglicht
2 **Generieren** Erstellen
3 Vgl. https://www.zdf.de/nachrichten/panorama/chatgpt-kuenstliche-intelligenz-schummelei-abitur-hamburg-100.html (abgerufen am 27.06.2024).

Material 3

Wie die Deutschen ChatGPT bewerten

Umfrage unter 1028 Menschen in Deutschland, Ende Januar 2023, Angaben in Prozent

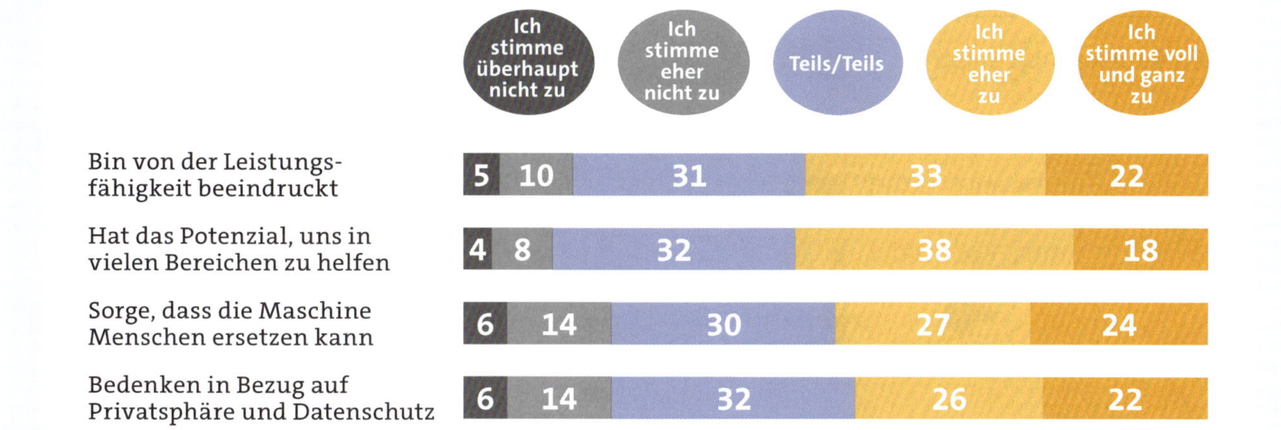

Informationen entnommen aus: https://www.cais-research.de/news/chatgpt-wie-viele-menschen-kennen-dich-bereits/ (abgerufen am 27.09.2024)

Material 4

Karikatur

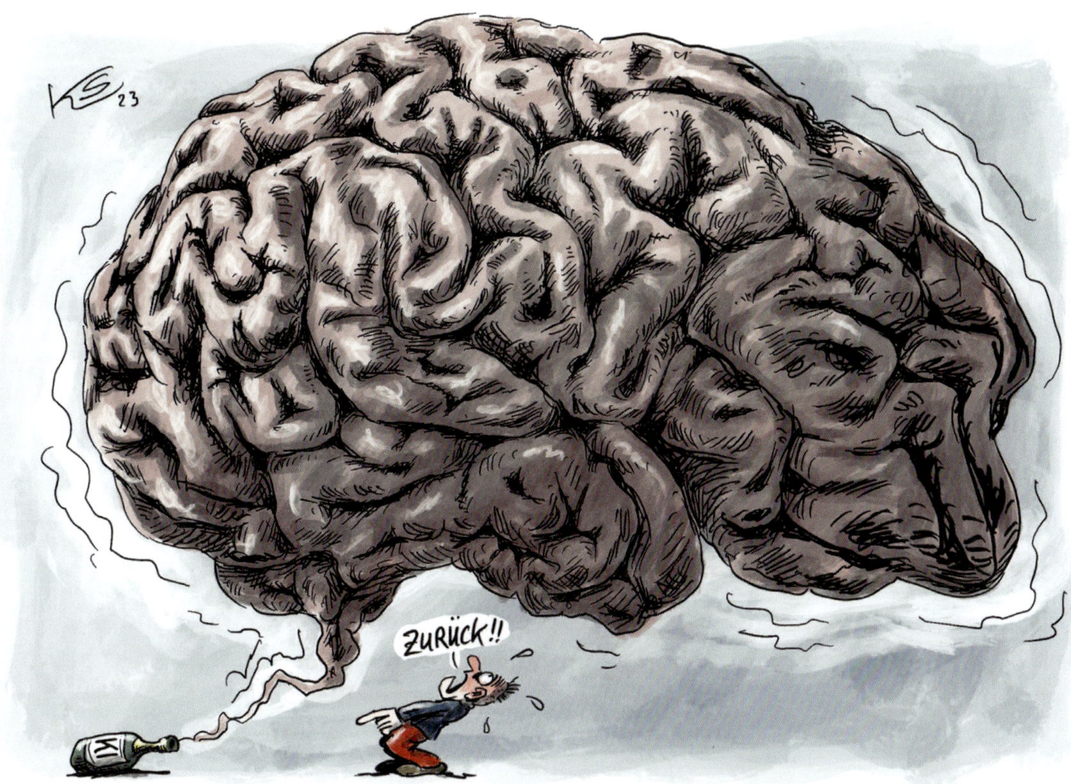

Quelle: Zurück! – Stuttmann Karikaturen 2023: Die besten Karikaturen des Jahres 2023 von Klaus Stuttmann (Cartoon-Jahresbände: Das beste von Klaus Stuttmann und Heiko Sakurai)

Material 5

Bekanntheit und Nutzungskontext von ChatGPT

Umfrage unter 1028 Menschen ab 18 Jahren, KW 04/2023, Angaben in Prozent

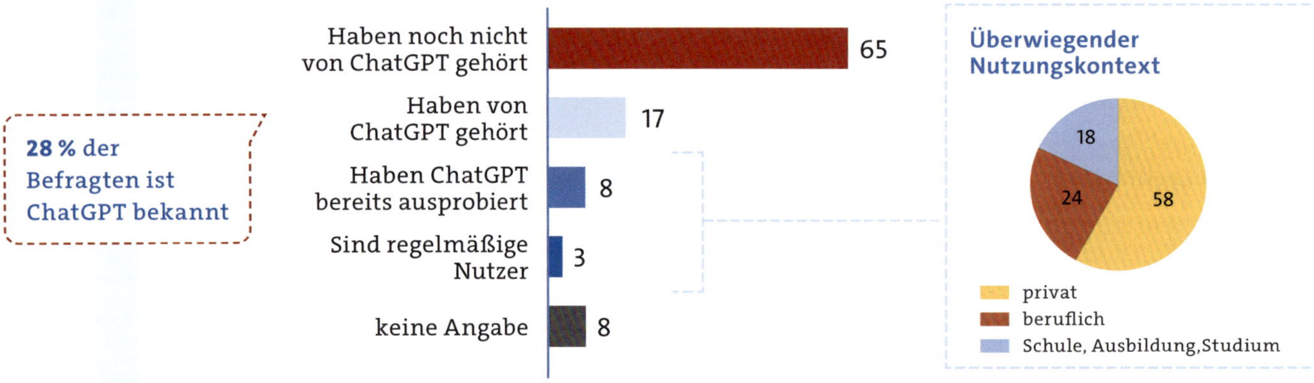

Informationen entnommen aus: https://www.cais-research.de/news/chatgpt-wie-viele-menschen-kennen-dich-bereits/ (abgerufen am 27.09.2024)

Material 6

Denken ohne Gehirn: Künstliche Intelligenz (2022)

von Julia Biedermann

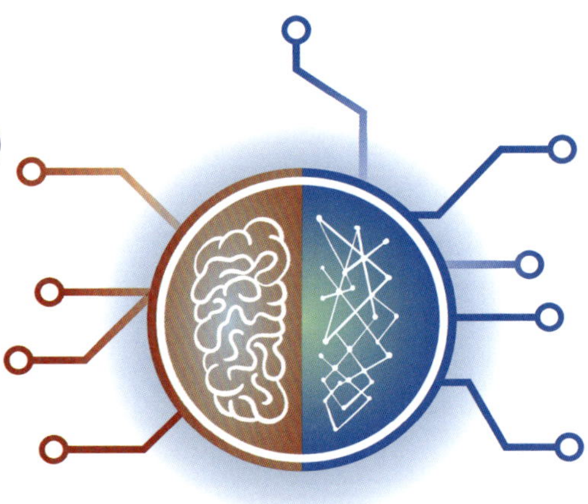

Künstliche Intelligenz (abgekürzt: KI) prägt unseren Alltag zunehmend. Dabei ist die Bezeichnung irreführend, denn das Ziel dieser Technologie ist es nicht, menschliches Denken zu imitieren. Im Prinzip geht es bei KI darum, Maschinen automatisiert Entscheidungen treffen zu lassen, die sonst ein Mensch treffen würde.

Künstliche Intelligenzen lassen sich in zwei Gruppen unterteilen: wissensbasierte Systeme und neuronale Netzwerke. Wissensbasierte Systeme werden mit menschlichem Wissen „gefüttert", was sehr aufwendig und wartungsintensiv ist. Sie reagieren nach dem Wenn-Dann-Prinzip. In diese Kategorie fallen beispielsweise Chatbots oder die automatische Rechtschreibkorrektur in Textverarbeitungsprogrammen. Neuronale Netzwerke eignen sich ihr Wissen durch die Analyse gewaltiger Datenmengen selbst an. Dabei lässt sich jedoch kaum nachvollziehen, welche Schlüsse das System aus dem Vergleich der Daten zieht. Entscheidend für den Erfolg ist auch, welche Datensätze zur Verfügung gestellt werden. Sind es beispielweise nur Fotos blauer Autos, würde die KI ein rotes vielleicht nicht erkennen – je nachdem, anhand welcher Merkmale sie feststellt, ob auf dem Foto ein Auto abgebildet ist oder nicht.

Wie jede Technologie birgt auch der Einsatz künstlicher Intelligenz Risiken. So sind etwa Fahrassistenzsysteme nur so kompetent, wie sie programmiert wurden. Kennt das System ein Szenario nicht, kann es nicht entsprechend darauf reagieren – und bremst beispielweise nicht ab, weil es das Hindernis nicht als solches erkennt. Wer die Kontrolle über eine KI hat, entscheidet darüber, wie diese handelt. Diese Macht wird in Form von Suchmaschinen-Algorithmen längst zu kommerziellen Zwecken eingesetzt, ihr Missbrauch kann aber in den falschen Händen weitreichende und fatale Auswirkungen haben.

Quelle: Julia Biedermann: Denken ohne Gehirn: Künstliche Intelligenz. In: *Boy in a White Room, Schülerarbeitsheft*. Berkheim/Illerbachen: Krapp & Gutknecht Verlag 2022, S. 63 f. Gekürzt. Informationen entnommen aus Karl Olsbergs Ausführungen zu KI. Zugriff unter https://www.ki-risiken.de (abgerufen am 26.09.2024).

Checkliste zum materialgestützten Argumentieren

Einleitung

- ☐ sinnvoller Einstieg (z. B. Zitat, aktueller Bezug)
- ☐ kurze einführende Darstellung bzw. Nennung des Themas
- ☐ Wiedergabe der Themenfrage in eigenen Worten
- ☐ Überleitung zum Hauptteil

Hauptteil

- ☐ Regelfall: Anordnung der Argumente vom schwächsten zum stärksten
- ☐ Pro-/Kontra-Argumentation: Anordnung nach dem Sanduhrprinzip (▶ **Seite 29**)
- ☐ Aufbau eines Arguments: Behauptung, Begründung, Beispiel, Überleitung zum nächsten Argument

Schluss

- ☐ Ziehen eines Fazits – keine neuen Argumente und keine Wiederholung
- ☐ Aufzeigen der persönlichen Sicht auf das Thema
- ☐ Appell/Aufforderung/Äußerung eines Wunsches/Blick in die Zukunft *oder* Darlegen eines Lösungsvorschlages

Teste dein Wissen zum materialgestützten Argumentieren mit interaktiven Aufgaben im Onlinekurs!

THEMENÜBERGREIFENDE AUFGABENSTELLUNGEN DER TEXTERSCHLIEẞUNG

In diesem Kapitel werden alle Aufgabenstellungen vorgestellt, die im textgebundenen Aufsatz zum journalistischen und literarischen Text identisch sind. Das bedeutet, dass in den beiden Folgekapiteln nur noch auf diejenigen Punkte eingegangen wird, in denen sich beide Aufsätze unterscheiden.
Die Aufgabenstellungen werden anhand der Kurzgeschichte *Der Schritt zurück* besprochen.
Damit du nicht immer umblättern musst, findest du den Text auch im Onlinebereich zum Ausdrucken.

Erste Textbegegnung

Bevor du mit dem Schreiben des Aufsatzes anfängst, ist der erste Schritt die Erschließung des Textes. In einem **ersten Durchgang liest** du den Text erst einmal nur durch.

Beim **zweiten Lesedurchgang unterstreichst** du wichtige Informationen und machst dir am Rand **Notizen**, z. B. unverständliche Wörter oder Fragen an den Text.
Dabei kannst du auch **Symbole** nutzen (z. B. Ausrufezeichen, Fragezeichen). Als Vorarbeit für die Inhaltszusammenfassung ist es auch sinnvoll, sich neben die Abschnitte kurz zu notieren, was in ihnen passiert.

Tipp: Vollständige Musteraufsätze findest du auf ► **Seite 85–88** *und* ► **Seite 113–119** *sowie im Onlinebereich. Die Zeilenangaben im Aufsatz zu „Der Schritt zurück" beziehen sich auf den Text auf* ► **Seite 98**. *Entscheide dich beim Zitieren in deinem Aufsatz einheitlich für eine der beiden Textversionen!*

➲ **Aufgabe**

a) Lies die Kurzgeschichte *Der Schritt zurück* von Annette Rauert.
b) Bearbeite den Text wie oben erläutert.

Der Schritt zurück (1977)

von Annette Rauert

Er stand ganz am Rand. Unter ihm die gleißende Wasseroberfläche. Wie geschmolzenes Blei sah es aus. In seinen Schläfen hämmerte es. Er hatte Angst, nackte Angst. Hinter sich hörte er die Stimme seines Trainers: „Spring!" Das Pochen nahm zu, gleich musste es seinen Kopf sprengen. Zwischen ihm und der Wassermasse gab es nur dieses kleine schwankende Brett, zehn Meter hoch.

Leute starrten nach oben. Sie warteten. Ihre Gesichter waren feindlich. Trotzdem fühlte er sich ihnen verpflichtet. Er musste springen, damit sie ihre Sensation bekamen. Er fühlte, dass er es nicht schaffen würde. Er war noch nicht soweit. Aber er musste beweisen, dass er ein Mann war. Lieber tot sein, als sich vor diesen Gesichtern blamieren. Nur noch ein paar Sekunden atmen, dachte er, mehr verlange ich gar nicht. Er blickte nach unten. Warum lächelte niemand? Lauter gespannte weiße Ovale mit harten Augen. Sie wissen, dass ich es nicht kann. Es wurde ihm schlagartig klar. Sie wissen, dass etwas passieren wird. Warum rief ihn niemand zurück?

Plötzlich tauchte ein neuer Gedanke in seinem Hirn auf. Hatten so die Leute ausgesehen, die einer Hinrichtung beiwohnten? Waren ihre Augen so hart, so unbeteiligt gewesen? Ich bin doch einer von ihnen, wieso rufen sie mich nicht zurück? Sie wollen, dass ich mich selbst vernichte für sie. Sie verlangen, dass ich meine Angst bestrafe. Aber was werden sie nachher tun? Wenn etwas passiert ist, will niemand etwas dafür können.

In ihm kam das Bedürfnis auf zu schreien, die Menschen da unten aus ihrer Starre zu schreien. Sie sollten nicht das Recht haben, schuldlos an seinem Unglück zu sein. Wenn sie geschrien hätten, die Opfer der Millionen Hinrichtungen, sie hätten ihnen dieses Recht genommen. Die Übelkeit in seinem Magen verstärkte sich, nicht mehr aus Angst, sondern aus Ekel vor der Feigheit der Masse da unten. Er hätte ausspucken mögen. Stumm, wie eine Herde blöder Schafe standen sie da unten und warteten.

Aber wenn er jetzt sprang und sich für ihre Gier opferte, war er dann nicht auch so feig wie sie? Ein Schritt nur, ein Schritt. Er war so einsam. Hätte ihn jetzt jemand gerufen, wäre noch alles gut gegangen, aber sie schwiegen. Seine Verachtung stieg ins Unermessliche.

Er forschte in seinem Gewissen. Wenn er sprang, war irgendetwas damit erreicht? Tat er damit etwas Falsches? Etwas Richtiges? Er wusste, was er tun sollte, warum sträubte er sich dagegen? Aber war das Springen heldenhaft, hatte es einen Sinn? Ein Schritt nur! Sein Fuß schob sich langsam vor. Dann ging ein Ruck durch seine Gestalt. Er richtete sich auf und drehte sich um. Ganz bewusst. Seine Unsicherheit war von ihm gewichen, der Druck, der auf ihm lastete, verschwand. Langsam kletterte er die Leiter hinab und schritt durch die starre Gruppe.

Zum ersten Mal in seinem Leben trug er den Kopf hoch. Er begegnete den Blicken der anderen mit kühler Gelassenheit. Keiner sprach ein Wort oder lachte gar. Er fühlte sich so stark, als hätte er gerade die wichtigste Prüfung in seinem Leben bestanden. Er spürte so etwas wie Achtung vor sich selbst. Eines Tages würde er auch springen, das wusste er plötzlich.

Orthografie und Interpunktion wurden den aktuell gültigen Regeln angepasst.

Quelle: Lore Graf, Martin Lienhard, Reinhard Pertsch (Hrsg.). *Geschichten zum Nachdenken. Ein Lesebuch für Schule, Gruppe und Familie.* München/Mainz: Kaiser/Grünewald 1977, S. 50 f.

Einleitung

Der textgebundene Aufsatz beginnt mit einer Einleitung. Wie die anderen Bestandteile hat auch diese vorgegebene Punkte, die enthalten sein müssen. Eine **Einleitung** lässt sich problemlos in ein bis **zwei Sätzen** abhandeln.

➲ **Aufgabe**

a) Lies die Mustereinleitung zu der Kurzgeschichte *Der Schritt zurück*.

Die Kurzgeschichte „Der Schritt zurück" von Annette Rauert, die im Sammelband „Geschichten zum Nachdenken. Ein Lesebuch für Schule, Gruppe und Familie" im Jahr 1977 erschien, erzählt davon, dass man sich nicht von den Erwartungen anderer unter Druck setzen lassen, sondern auf seine eigene innere Stimme hören sollte.

b) Erstelle anhand der Mustereinleitung eine Checkliste mit den Bestandteilen einer Einleitung für einen textgebundenen Aufsatz. Schreibe jeweils den Bestandteil als Begriff (z. B. *Autorin/Autor)* und die entsprechende Information in der Reihenfolge, wie sie in der Einleitung vorkommt, auf die Linien.

Checkliste für das Schreiben einer Einleitung

- [ ] ______________________________
- [ ] ______________________________
- [ ] ______________________________
- [ ] ______________________________
- [ ] ______________________________
- [ ] ______________________________
  ____
  ____

Tipp 1: *Den Satzbau sowie den ungefähren Wortlaut der Mustereinleitung kannst du auswendig lernen und – jeweils in angepasster Form – für jeden beliebigen Text verwenden.*

Tipp 2: *Es heißt entweder „Die Kurzgeschichte handelt von" oder „In der Kurzgeschichte geht es um". Die beliebte Kombination „~~In der Kurzgeschichte handelt es sich um~~" gibt es nicht.*

Sprachanalyse

Bei der Sprachanalyse untersuchst du die Sprache des Textes auf drei Ebenen: **Satzbau**, **Wortwahl** und **Stilmittel (rhetorische Mittel)**. Hierzu gibt es einige **Fachbegriffe**, mit denen du umgehen können solltest.

➲ **Aufgabe 1**

a) Definiere in der rechten Spalte alle genannten sprachlichen Auffälligkeiten knapp stichpunktartig.

b) Nenne ebenfalls in dieser Spalte jeweils ein Beispiel für die entsprechende Auffälligkeit.
Beziehe dich nicht auf den Text, sondern nutze dein Allgemeinwissen und recherchiere gegebenenfalls.

Auffälligkeiten im Satzbau

Bezeichnungen der Auffälligkeiten	Kurzdefinition und Beispiel
1. Ausrufesätze	Ausdruck starker Gefühle, Abschluss mit einem Ausrufezeichen Stopp! Das kann nicht sein!
2. direkte Reden/wörtliche Reden	
3. Einschübe/Parenthesen	
4. Ellipsen	
5. Fragesätze	
6. Satzgefüge/Hypotaxen	
7. kurze Hauptsätze	
8. Satzreihen/Parataxen	

Auffälligkeiten in der Wortwahl

Bezeichnungen der Auffälligkeiten	Kurzdefinition und Beispiel
1. anschauliche/ treffende Verben ▶	
2. ausschmückende Adjektive ▶	
3. Dialektwörter ▶	
4. Fachbegriffe aus dem Bereich ... ▶	
5. Fremdwörter aus der Sprache ... ▶	
6. Inflektiva ▶	
7. Redewendungen/ Sprichwörter ▶	
8. umgangssprachliche Ausdrücke ▶	
9. veraltete Ausdrücke ▶	
10. Jugendsprache ▶	

Sprachliche Mittel

Bezeichnungen der Auffälligkeiten	Kurzdefinition und Beispiel
1. Alliteration	▶
2. Anapher	▶
3. Antithese	▶
4. Aufzählung	▶
5. Hyperbel	▶
6. Inversion	▶
7. Ironie	▶
8. Klimax	▶
9. Antiklimax	▶
10. Litotes	▶

11. Metapher ▶	
12. Neologismus ▶	
13. Lautmalerei (Onomatopoesie) ▶	
14. Oxymoron ▶	
15. Parallelismus ▶	
16. Personifikation ▶	
17. Symbol ▶	
18. Vergleich ▶	
19. Wiederholung ▶	
20. Euphemismus ▶	
21. rhetorische Frage ▶	

Hinweis

Eine vollständige Sprachanalyse, in der du alle Auffälligkeiten identifizieren sollst, wird von dir nicht verlangt. Entweder gibt man dir die Anzahl der Auffälligkeiten vor, die du finden sollst, oder sie wird offen gelassen. Bei Letzterem sollten es ca. fünf Auffälligkeiten sein. Besprich die gewünschte Anzahl aber am besten mit deiner Deutschlehrkraft.

Die Analyse der Sprache folgt stets demselben dreischrittigen Aufbau:

1. **Nennen der sprachlichen Auffälligkeit** (z. B.: Der Text beinhaltet eine Anapher in Zeile x.)
2. **Direktes/wörtliches Zitieren der sprachlichen Auffälligkeit**
3. **Wirkung der sprachlichen Auffälligkeit** (z. B.: Dieses rhetorische Mittel bewirkt y.)

Schritt 1 und 2 gehen schnell und sind einfach, sofern du die Fachbegriffe aus den Tabellen kennst und zuordnen kannst. **Schritt 3** hingegen ist anspruchsvoller, da es keine Musterlösung gibt. Du musst dir bei jeder Auffälligkeit einzeln überlegen, was sie an dieser einen Stelle im Text bedeuten könnte.

→ Vermeide Sätze wie:
„Die Alliteration bewirkt, dass man sich besser in das Geschehen hineinversetzen kann."

→ Besser ist zum Beispiel:
„Die Alliteration bewirkt, dass sich die Lesenden das attraktive Äußere der Figur besser vorstellen können."

Du musst dich so genau wie möglich auf den Text beziehen. Vermeide nichtssagende und zu allgemeine Wirkungen. So zeigst du, dass du den Text verstanden und dich mit ihm auseinandergesetzt hast. Achte dabei stets auf eine korrekte Zitierweise (▶ **Seite 8**).

Die Sprachanalyse kann sich entweder auf den **ganzen Text** oder nur einen **Ausschnitt** beziehen.
Es gibt darüber hinaus mehrere Möglichkeiten, wie die Aufgabenstellung formuliert sein kann:

→ **Aufforderung:**
Nennen Sie x sprachliche Auffälligkeiten und zeigen Sie ihre Wirkung auf.

→ **Bezug auf eine bestimmte Wirkung mit Aufforderung:**
Der Text wirkt sehr subjektiv. Stellen Sie die sprachlichen Mittel dar, mit Hilfe derer diese Wirkung erzielt wird.

→ **Bezug auf eine bestimmte Wirkung mit Frage:**
Der Text baut an mehreren Stellen Spannung auf. Welche sprachlichen Mittel nutzt der Verfasser/die Verfasserin des Textes, um dieses Gefühl zu erzeugen?

➲ **Aufgabe 2**

a) Drucke die Tabelle zu den sprachlichen Auffälligkeiten aus dem Onlinebereich aus.
b) Lies die Kurzgeschichte *Der Schritt zurück* noch einmal durch.
c) Finde in ihr so viele sprachliche Auffälligkeiten wie möglich.
d) Trage sie in die passenden Zeilen in der Tabelle ein.

➲ **Aufgabe 3**

a) Wähle eine beliebige sprachliche Auffälligkeit aus **Aufgabe 2** aus.

b) Analysiere sie mit Hilfe des Dreischritts (▶ **Seite 57**) in ganzen Sätzen.
Das nachfolgende Beispiel hilft dir dabei. Alle Zeilenangaben beziehen sich auf (▶ **Seite 50 f.**).

❶ Im gesamten Text ist das Symbol „Sprungbrett“ omnipräsent (allgegenwärtig). ❷ Entweder wird es direkt erwähnt („Zwischen ihm und der Wassermasse gab es nur dieses kleine schwankende Brett, zehn Meter hoch.“, Z. 6–8) oder es wird indirekt auf es verwiesen („Leute starrten nach oben.“, Z. 9).

❸ Das Sprungbrett steht zum einen für die Angst des Jungen in großer Höhe, zum anderen aber für seinen persönlichen Triumph über die eigene Angst und die Gier der Zuschauer unterhalb des Sprungturms.

c) Verfasse in deinem Heft eine Sprachanalyse von fünf beliebigen Auffälligkeiten zur Kurzgeschichte *Der Schritt zurück*.

***Tipp:** Eine ausformulierte Sprachanalyse findest du im Musteraufsatz auf* ▶ **Seite 116 f.**

Verfasserabsicht

Eine weitere mögliche Aufgabenstellung des textgebundenen Aufsatzes sind Überlegungen zur Intention (Absicht) des Verfassers oder der Verfasserin.

In diesem Abschnitt deines Aufsatzes überlegst du dir, was **der Text bzw. der Autor oder die Autorin womöglich aussagen will.**[1] Da du das aber nicht mit hundertprozentiger Sicherheit sagen kannst, sind dabei Wörter und Formulierungen wie *vermutlich*, *wahrscheinlich*, *Es ist möglich*, *Es ist denkbar* usw. zu benutzen. Auch bei dieser Aufgabenstellung solltest du deine Überlegungen am Text belegen, d. h. durch **Zitate** stützen.

Es können **drei verschiedene Textintentionen** vorliegen:

Darstellung
Diese Intention liegt vor, wenn ein Text überwiegend **sachlich und neutral** geschrieben ist, also keine/kaum Emotionen (Gefühle) vorkommen. Die Handlung wird lediglich dargestellt. Der Verfasser bzw. die Verfasserin verfolgt bei dieser Intention in der Regel das Ziel, die Leserschaft zu **informieren** oder von etwas zu **überzeugen**.

Ausdruck
Ausdruck ist im Prinzip das Gegenteil von Darstellung. Diese Intention liegt vor, wenn **viele Emotionen und Gedanken** im Text genannt werden. Die Handlung wird also nicht dargestellt, sondern primär (hauptsächlich) mit Gefühlen ausgedrückt. Bei dieser Intention geht es dem Autor bzw. der Autorin meistens darum, das Publikum zu **unterhalten** und/oder es mit einer Figur **mitfiebern** zu lassen, da man sich aufgrund der Gedanken und Gefühle gut in sie hineinversetzen kann.

Appell
Appell bedeutet so viel wie **Aufforderung**, d. h. wenn diese Intention vorliegt, soll zu etwas aufgefordert werden. Dabei wird zwischen einem **expliziten/direkten** und einem **impliziten/indirekten/versteckten** Appell unterschieden. Bei Erstgenanntem muss die Aufforderung offensichtlich im Text stehen (*Daher sollten wir …, Deshalb sind wir alle aufgefordert …*). Bei Letztgenanntem hingegen ist das nicht der Fall. Viel mehr musst du „zwischen den Zeilen" lesen, also die Aufforderung herausarbeiten.
Aus sehr vielen Texten kann man einen impliziten/indirekten/versteckten Appell entnehmen. Hinzu tritt dann entweder Ausdruck oder Darstellung.

In anderen Worten: So ziemlich aus jedem Text kannst du zwei Intentionen herausarbeiten.

Bei dieser Aufgabenstellung sind wie bei der Sprachanalyse mehrere Formulierungen denkbar.

→ **Aufforderung:**
Geben Sie mögliche Absichten des Verfassers/der Verfasserin an.
Belegen Sie diese mit geeigneten Textstellen.

→ **Kombinierte Frage und Aufforderung:**
Wie steht der Verfasser/die Verfasserin zum Thema des Textes?
Erläutern Sie seine/ihre Haltung anhand geeigneter Textstellen.

1 In den Formulierungen des Kultusministeriums findet sich der Ausdruck *Verfasserabsicht*. In neuerer Literatur wird eher der Begriff *Textabsicht/Textintention* verwendet. Der kleine, aber feine Unterschied liegt darin, dass man die Absicht des Verfassers bzw. der Verfasserin gar nicht kennen kann. Aber man kann sich überlegen, was der Text an sich aussagen möchte.

Aufgabe 1

a) Lies die Kurzgeschichte *Der Schritt zurück* noch einmal.

b) Schreibe zu den Intentionen Darstellung und Ausdruck Beispiele aus dem Text mit Zeilenangabe auf.

c) Überlege dir, welche der beiden Intentionen dominiert (überwiegt).

d) Formuliere auf den entsprechenden Zeilen einen impliziten Appell des Textes.

Darstellung:

Ausdruck:

Impliziter Appell:

Aufgabe 2

Verfasse in deinem Heft eine vollständige Verfasserabsicht zur Kurzgeschichte *Der Schritt zurück*.
Verwende dabei deine Ergebnisse aus **Aufgabe 1**.

Du kannst die nachfolgenden Satzanfänge als Hilfestellung verwenden:

→ *Im Text dominiert die Intention ...*
→ *Auffällig hinsichtlich der Verfasserabsicht ist ...*
→ *Der Autor/Die Autorin beabsichtigt mit seiner/ihrer Kurzgeschichte ...*
→ *Der Text enthält zwei Textintentionen ...*
→ *Der Verfasser/Die Verfasserin fordert seine/ihre Leserschaft implizit dazu auf ...*
→ *Auch wenn der Text keinen expliziten Appell enthält ...*

Tipp: *Eine ausformulierte Verfasserabsicht findest du im Musteraufsatz auf* ▶ **Seite 117**.

Titelanalyse

Ein weiterer möglicher Bestandteil des textgebundenen Aufsatzes ist die Analyse des Titels. Fülle die Titelanalyse anhand der vorgegebenen Fragen aus.

➲ Aufgabe 1

Titelanalyse	
Welche Assoziationen (erste Ideen/Gedanken) löst der Titel – hier *Der Schritt zurück* – vor dem eigentlichen Lesen aus?	
Bestätigen sich diese ersten Assoziationen beim Lesen oder nicht? Begründe deine Antwort!	
Weist der Titel Besonderheiten auf (Kürze, Länge, Wortwitz, Fremdwörter, Fachwörter usw.)?	
In welcher Beziehung stehen Titel und Text? Passt der Titel zum Text?	

➲ Aufgabe 2

Schreibe in dein Heft eine vollständige Titelanalyse zur Kurzgeschichte *Der Schritt zurück*. Verwende dabei die Fragen bzw. Antworten aus der Tabelle.

Als Hilfestellung kannst du die folgenden Satzanfänge verwenden:

- → *Mögliche Assoziationen beim ersten Lesen des Titels sind ...*
- → *Als Erstes kommen den Leserinnen und Lesern vermutlich folgende Gedanken beim Lesen des Titels in den Sinn: ...*
- → *Es zeigt sich, dass ... (nicht) bestätigt werden, denn ...*
- → *Der Titel weist eine/folgende Besonderheiten auf: ...*
- → *Der Titel passt (nicht) gut zur Kurzgeschichte, weil ...*

Tipp: Eine ausformulierte Titelanalyse findest du im Musteraufsatz auf ▶ **Seite 114**.

Mögliche Reaktionen der Leserschaft

Auf den ersten Blick ist die Aufgabe eng mit der Verfasserabsicht verwandt. Aber es kann sein, dass der Autor bzw. die Autorin mit dem Text ein anderes Ziel verfolgt hat, als es die Leserschaft wahrnimmt.
Beispielsweise kann ein Text informierend gemeint gewesen sein, aber aufgrund des Inhalts ruft er Ablehnung hervor. Oder ein Text wurde lustig zur Unterhaltung geschrieben, aber die Leserschaft kann mit dem Humor nichts anfangen und empfindet ihn als verstörend.

Die Reaktion auf einen Text sind womöglich vielfältig. Die Leserinnen und Leser können

- **emotional** mit Freude, Schock, Trauer oder Wut
- **kognitiv** mit Zweifeln, Nachdenken, Ablehnung, Akzeptanz
- mit einer bestimmten **Verhaltensweise** wie einer Handlung
- **physiologisch** wie mit Zittern, Schwitzen, Weinen

reagieren. Die Liste an möglichen Reaktionen ist an sich offen und kann beliebig erweitert werden.

Die Aufgabenstellung ist insofern anspruchsvoll, als dass du dich **in andere Leserinnen und Leser hineinversetzen** musst, wie diese womöglich den Text empfinden – ganz unabhängig davon, wie du auf ihn reagierst.

Sollten die denkbaren Reaktionen nicht offensichtlich sein, bietet es sich an, direkt oder indirekt aus dem Text zu **zitieren**: Woran genau machst du diese Reaktionen fest?

➲ **Aufgabe**

a) Lies die Kurzgeschichte *Der Schritt zurück* noch einmal durch.

b) Überlege dir mögliche Reaktionen der Leserinnen und Leser auf den Text.

c) Wenn du sie in den Begriffen oben wiederfindest, unterstreiche sie.

d) Wenn dir zusätzliche Reaktionen einfallen, ergänze sie oben beim jeweiligen Punkt.

e) Formuliere einen Fließtext zu den möglichen Reaktionen in deinem Heft.

Die nachfolgenden Satzbausteine dienen dir als Hilfestellung.

→ *Es ist denkbar, dass …*

→ *Aufgrund von x (Z. a), y (Z. b) und z (Z. c) ist es möglich, dass …*

→ *Insbesondere x kann so verstanden werden, dass …*

→ *Vermutlich reagiert die Leserschaft nachdenklich/mit Ablehnung/mit Freude/Trauer auf …*

→ *Dies tut sie wahrscheinlich, weil …*

Tipp: *Ausformulierte Reaktionen der Leserschaft findest du im Musteraufsatz auf* ▶ **Seite 117 f.**

Begründete Stellungnahme

In diesem Teil des textgebundenen Aufsatzes gibst du deine persönliche Ansicht zu einem Thema des Textes in ca. 250 Wörtern[1], was grob einer DIN-A4-Seite entspricht, wieder.
Anders als bei der materialgebundenen Erörterung musst du **nicht zitieren**: Du **schreibst frei** deinen Standpunkt nieder und **begründest** ihn. Allerdings kannst du dich auf den Text beziehen, wenn er etwas enthält, was deine Ansicht unterstützt und ihr entspricht.
Aufgrund des grob vorgegebenen Wortumfangs sind deine Argumente kürzer als die in der materialgebundenen Erörterung.

Folgender Aufbau hat sich bei diesem Thema bewährt:

1. Wiedergabe (Paraphrasierung) der Aufgabenstellung in eigenen Worten = ein Satz
2. klare und eindeutige Positionierung = ein Satz
3. schwächstes Argument
4. zweitstärkstes Argument
5. stärkstes Argument

Hinweis

Wichtiger als die bloße Anzahl der Wörter ist, dass dein Text inhaltlich überzeugt. Der angegebene Wortumfang dient lediglich der Orientierung! Besprich die Anzahl der gewünschten Argumente dennoch mit deiner Deutschlehrkraft.

Berücksichtige in der begründeten Stellungnahme folgende Punkte:

→ Achte genau auf die Aufgabenstellung. Bearbeite ausschließlich diese und schreibe nicht am Thema vorbei („roter Faden“).
→ Verdeutliche deine Argumentationsstruktur durch Absätze, d.h. baue nach jedem Gedankengang einen Absatz ein.
→ Dein Text muss nachvollziehbar sein.
→ Er sollte so geschrieben sein, dass er andere von deiner Position überzeugt.
→ Beziehe eindeutig Stellung. Deine Meinung muss klar erkennbar sein.

➲ Aufgabe

a) Formuliere eine vollständige begründete Stellungnahme zu der folgenden Aufgabenstellung im Stil der Abschlussprüfung in deinem Heft.

„Trotzdem fühlte er sich ihnen verpflichtet. Er musste springen, damit sie ihre Sensationen bekamen.“ (S. 50, Z. 10–12).

Nehmen Sie Stellung zu der Frage, welche Auswirkungen Gruppenzwang auf einen Menschen haben kann. Formulieren Sie Ihre Position in ca. 250 Wörtern.

b) Unterstreiche mit Stift und Lineal die Bestandteile deines Textes mit den entsprechenden fünf Farben.

Tipp: Eine ausformulierte begründete Stellungnahme findest du im Musteraufsatz auf ▶ **Seite 118**.

1 Besprich mit deiner Deutschlehrkraft, was er/sie unter *ca.* bzw. *in etwa* versteht. Eine typische Abweichung sind 10 %, sodass 225–275 Wörter zu schreiben sind.

Offener Schreibauftrag

Beim offenen bzw. kreativen Schreibauftrag ist eine **Vielzahl an möglichen Schreibformen** denkbar, die du verfassen sollst. Beim textgebundenen Aufsatz zu einem literarischen Text können theoretisch all diese Schreibformen geprüft werden. Bei einem pragmatischen Text sind die drei hellblau unterlegten Schreibformen hingegen unwahrscheinlich.

- Dialog
- Schilderung
- persönlicher Brief
- Erzählung
- Tagebucheintrag
- innerer Monolog
- Fortsetzung eines Textes
- Füllen einer Leerstelle
- Perspektivenwechsel

Unabhängig von der Aufgabenstellung sind folgende Punkte immer zu berücksichtigen:

→ Beachte stets die **formalen, sprachlichen und inhaltlichen Merkmale** der geforderten kreativen Schreibform (▶ **Seite 65–72**).

→ **Knüpfe sinnvoll an den Ausgangstext an**, wie die Reportage oder den Romanauszug. Zeige somit, dass du den Text verstanden hast.

→ Achte auf die **korrekte Perspektive**: Aus welcher Sicht bzw. aus der Perspektive welcher Figur soll geschrieben werden?

Anders als bei der begründeten Stellungnahme wird beim offenen Schreibauftrag **keine Wortanzahl vorgegeben**. Ein **grober Richtwert** sind **ca. 1,5 Seiten/400 Wörter**.
Besprich die genauen Anforderungen aber am besten mit deiner Deutschlehrkraft.

Nachfolgend werden die Textsortenmerkmale für die oben genannten Schreibformen mit jeweils einer möglichen Aufgabenstellung im Stil der Abschlussprüfung zu *Der Schritt zurück* vorgestellt.

Im Lösungsteil des Onlinebereiches findest du zu jedem Schreibauftrag auf den ▶ Seiten 66–72 eine Lösung, an der du dich für die Prüfung orientieren kannst.

Innerer Monolog

In einem inneren Monolog **spricht eine Figur mit sich selbst**, um ihre **Gedanken** zu sortieren oder um eine **Situation in Gedanken noch einmal durchzugehen**.

Im Gegensatz zu einem Brief ist ein innerer Monolog **etwas Ungeplantes**. Das darf sich auch in deinem Text in **Gedankensprüngen** niederschlagen.

Form

- Ich-Form
- direkter Textbeginn (ohne Anrede), z. B.: *Was habe ich nur getan?!, Warum schon wieder?!*
  oder: *Oh Mann, es ist schon wieder passiert!*
  oder allgemeiner: *So viel ist in den letzten Wochen passiert.*
  oder: *Es ist einfach alles zu viel für mich!*
- Absätze an passenden Stellen, z. B. bei einem neuen Gedankengang

Sprache

- Sprachstil der Figur entsprechend
- Ellipsen (unvollständige Sätze)
- Gedankensprünge, z. B.: *Ach, das war ja auch noch!* oder *Ich habe ja … ganz vergessen*
- rhetorische Fragen
- Einwortsätze und Interjektionen[1]
- verschiedene Satzzeichen (…, ?, !) bzw. Satzarten
- zeitgemäße Wortwahl passend zur Erzählzeit (Handlungszeit) des Textes
- Vermeidung unnötiger Kraftausdrücke

Inhalt

- persönliche Gefühle, Gedanken und Empfindungen
- Rückerinnerungen/Rückblenden
- Verarbeiten und/oder Hinterfragen von Erlebnissen
- an niemanden gerichtet, inneres Selbstgespräch
- am Ende eventuell kurzer Ausblick in die Zukunft

SCHREIBAUFGABE

Formulieren Sie aus der Sicht einer Freundin des Jugendlichen aus dem Publikum einen inneren Monolog. In diesem denkt sie über die zögernde Haltung des Jungen sowie seinen Abstieg vom Sprungturm nach.

***Tipp:** Einen ausformulierten inneren Monolog findest du im Musteraufsatz auf* ▶ **Seite 118 f.**

1 Ausrufe oder Empfindungswörter wie Oh! Aua! Wow! oder Ups!

Dialog

Bei einem Dialog **reden zwei oder mehr Figuren miteinander**. Streng genommen handelt es sich bei einem Dialog um wörtliche Reden, sodass du **Anführungszeichen** verwenden müsstest. Da aber klar ist, dass dein Text nur aus direkter Rede besteht, kannst du diese Satzzeichen auch **weglassen**. Sprich das am besten mit deiner Deutschlehrkraft ab.

Der **Redeanteil** der Figuren sollte **in etwa gleich** sein.

Form	Sprache	Inhalt
• Textgestaltung wie in einem Theaterstück: Name der sprechenden Figur bzw. Regieanweisungen, z. B.: *Cihan (wütend): ...* *Aysa (nachdenklich): ...* Nicht bei jeder Äußerung muss eine Regieanweisung vorhanden sein. • Aufbau: Anlass – Diskussion – Ergebnis – gegebenenfalls Verabschiedung, z. B.: *Bis Morgen!, Mach's gut!, Ciao!, Servus!* oder *Bye!* • Absätze an passenden Stellen, z. B. bei neuem Gedankengang	• Sprachstil den Figuren entsprechend • direkte Reden • Fragen an die jeweils andere Person • zeitgemäße Wortwahl passend zur Erzählzeit (Handlungszeit) des Textes • Vermeidung unnötiger Kraftausdrücke	• Gespräch, Gedankenaustausch • Handlungsbezug (Eingehen auf konkrete Ereignisse) • Aufgreifen und Erweitern von Aussagen (Reaktionen, Rückgriffe, Einwürfe) • Verdeutlichen der Charakterzüge und Einstellungen der Figuren

SCHREIBAUFGABE

Formulieren Sie aus der Sicht von zwei Jugendlichen aus dem Publikum mit beliebigen Namen einen Dialog, in dem sie über die zögernde Haltung des Jungen sowie seinen Abstieg vom Sprungturm diskutieren.

Tagebucheintrag

In einem Tagebucheintrag **verarbeitet eine Figur etwas Erlebtes**. Daher ist er dem inneren Monolog recht ähnlich, allerdings gibt es auch Unterschiede. So solltest du, anders als beim inneren Monolog, **Gedankensprünge vermeiden**, denn wie jeder schriftliche Text ist der Tagebucheintrag etwas Geplantes, über das im Vorfeld nachgedacht wird. Somit hat er eine **gewisse Struktur**.

Form

- Ich-Form
- Textbeginn mit Anrede passend zur Figur
  Liebes Tagebuch, ...
  Hallo Tagebuch, ...
  Hey Tagebuch, ...
- rechts in derselben Zeile, falls im Ausgangstext angegeben, das Verfassungsdatum
- Verabschiedung passend zur Figur, z. B.:
  Bis morgen, liebes Tagebuch!
  oder
  Es ist gut, dir alles anvertrauen zu können.
- Name der schreibenden Figur oder ihre Unterschrift unter dem Eintrag
- Absätze an passenden Stellen, z. B. bei neuem Gedankengang

Sprache

- Sprachstil der Figur entsprechend
- schildernde Elemente
- Fragen
- Ellipsen (unvollständige Sätze)
- Wiederholungen
- Einwortsätze und Interjektionen[1]
- verschiedene Satzzeichen (..., ?, !) bzw. Satzarten
- zeitgemäße Wortwahl passend zur Erzählzeit (Handlungszeit) des Textes
- Vermeidung unnötiger Kraftausdrücke

Inhalt

- persönliche Gefühle, Gedanken und Empfindungen
- Aufschreiben, Verarbeiten, Archivieren und Hinterfragen von Erlebnissen
- an keine Person gerichtet

SCHREIBAUFGABE

Formulieren Sie aus der Sicht des Jungen auf dem Sprungturm einen Tagebucheintrag, in dem er den zurückliegenden Tag und sein Verhalten reflektiert (darüber nachdenkt).

1 Ausrufe oder Empfindungswörter wie Oh! Aua! Wow! oder Ups!

Persönlicher Brief

Jeder Brief beginnt mit einem **Briefkopf**. Da selten genaue Angaben zum Ort der Handlung gemacht werden, ist es gestattet, sich sowohl die **Adresse** des Absenders als auch des Empfängers passend zum Text **auszudenken**. Wird der Brief nicht per Post verschickt, sondern beispielsweise jemanden überreicht, ist ein Briefkopf nicht notwendig.

Allgemein verwendest du hier **persönliche Anreden wie *du***.

Form

- Ich-Form
- Briefkopf mit Adressen des Absenders und Empfängers
- Ort, Datum (passend zur angegebenen Zeit im Ausgangstext, sonfern angegeben)
- Anrede, z. B.: *Lieber Karina* oder *liebe Mama*
- Einführung, z. B.: *Wie geht es dir?* oder *Wir haben in letzter Zeit so viel durchgemacht. Wie ist es dir seitdem ergangen?*
- Grund des Schreibens
- Grußformel, z. B.: *Bis bald.* oder *Ich hoffe, dich bald wiederzusehen.*
- Unterschrift der Figur
- Absätze an passenden Stellen, z. B. bei neuem Gedankengang

Sprache

- adressatenbezogen
- Sprachstil den Figuren entsprechend
- sofern gefordert: Fragen, Bitten, Aufforderungen
- zeitgemäße Wortwahl passend zur Erzählzeit (Handlungszeit) des Textes
- lockerer, aber in der Regel freundlicher und höflicher Ausdruck

Inhalt

- Schreibziel, an jemanden gerichtet
- Einnehmen der Sicht des Absenders
- emotionaler Text (Gedanken, Ideen, Gefühle)
- Gedankenaustausch (gedachte Reaktionen des Lesers/Empfängers einbeziehen)
- Häufige Themen: gemeinsame Erlebnisse, Probleme, Ängste, Hoffnungen

SCHREIBAUFGABE

Formulieren Sie aus der Sicht des Jungen auf dem Sprungturm einen persönlichen Brief an seine Oma, in dem er seinen Stolz über sein heutiges Verhalten zum Ausdruck bringt.

Schilderung

In einer Schilderung gibst du **ein Erlebnis so genau wie möglich** wieder. Eine Schilderung hat – anders als eine Erlebniserzählung – **keinen Höhepunkt** und ist **sehr detailliert** formuliert.

Form	Sprache	Inhalt
• meistens Ich-Form (Beachten der Aufgabenstellung) • eigentlich Einleitung, Hauptteil und Schluss, aber in der Prüfung eher unwahrscheinlich (nur Hauptteil) • Absätze an passenden Stellen, z. B. bei neuem Gedankengang	• sehr detailliert mit vielen Adjektiven • treffende Verben, z. B. *schlendern* statt *gehen* • Vergleiche, z. B. *stark wie ein Löwe* • Metaphern, z. B. *bärenstark* • verschiedene Satzzeichen (..., ?, !) bzw. Satzarten • Präsens • Fragen, z. B. *Kann das wirklich sein?* • unvollständige Sätze, z. B. *Kann das denn ...?*	• Darstellung eines einzigen Ereignisses (ca. 10–15 min) • Verwendung aller fünf Sinne – sofern möglich (Sehen, Riechen, Tasten, Schmecken, Hören) • kurze Erzählung mit minimaler Handlung ohne Höhepunkt und Spannungsbogen • Gedanken/innere Monologe • Gefühle

SCHREIBAUFGABE

Lies den folgenden Textanfang. Setze die begonnene Schilderung in deinem Heft fort.

Es sind Sommerferien und nach unserer langen gestrigen Anreise im Auto können meine Eltern und ich heute nun endlich den ersten Tag an der deutschen Nordsee in St. Peter-Ording genießen. Am 18. August 2024, es ist morgens um 9:30 Uhr ...

Hinweis

Eine solche Aufgabenstellung zur Kurzgeschichte „Der Schritt zurück“ ist nicht sinnvoll, da sie in weiten Teilen bereits schildernd geschrieben ist.

Fortsetzen eines Textes

Hier geht es darum, einen vorliegenden **literarischen Text fortzuführen**, also **an sein Ende anzuknüpfen**. Somit wird geprüft, ob du den Inhalt des Textes – allen voran seine Figuren – korrekt verstanden hast.

Form

- Übernahme der Erzählperspektive (▶ **Seite 106–108**) des Ausgangstextes, sofern nicht anders angegeben
- Überleitung von der vorgegebenen Textstelle zu deiner Fortsetzung, z. B. *Nachdem Chantal und Justin das Schwimmbad verlassen hatten …*
- Absätze an passenden Stellen, z. B. bei neuem Gedankengang

Sprache

- Beibehaltung des Sprachstils aus dem Ausgangstext
- Beibehaltung des Tempus (Zeitform) des Ausgangstextes
- wörtliche Reden (sofern auch im Ausgangstext)

Inhalt

- sinnvolle, logische und glaubwürdige Fortsetzung des Ausgangstextes
- direktes Anknüpfen an die vorgegebene Stelle (kein Tag dazwischen o. Ä. – außer es ist anders gefordert)
- Herstellen eines Bezugs zum Text bzw. seinen Geschehnissen
- keine plötzlichen und unerwarteten Wendungen
- kein Wechsel des Genres in Fantasy, Horror usw.
- Vorantreiben der Handlung
- Berücksichtigung aller relevanten Figuren
- Beibehaltung der Stimmung und Atmosphäre
- sinnvolle Weiterentwicklung der Figuren
- Gedanken/innere Monologe
- Gefühle

SCHREIBAUFGABE

Formulieren Sie eine sinnvolle Fortsetzung der Kurzgeschichte *Der Schritt zurück*. Lösen Sie sich von der Gedanken- und Gefühlswelt des Jungen und somit ausnahmsweise vom Erzählstil des Textes. Berücksichtigen Sie ansonsten die typischen Merkmale dieser Schreibform.

Füllen einer Leerstelle

Leerstellen in einem literarischen Text sind **bewusste Auslassungen oder unvollständige Stellen**. Die Leserinnen und Leser werden so aufgefordert, **diese mit ihren eigenen Gedanken und Vorstellungen zu füllen.** So können Stellen im Text bewusst mehrdeutig formuliert sein, Gedanken und Gefühle einer Figur werden ausgespart, bestimmte Dinge werden nicht beschrieben, eine Hinführung zum Geschehen fehlt usw.

Form

- Übernahme der Erzählperspektive des Ausgangstextes, sofern nicht anders angegeben
- Absätze an passenden Stellen, z. B. bei neuem Gedankengang

Sprache

- Beibehaltung des Sprachstils aus dem Ausgangstext
- Beibehaltung des Tempus (Zeitform) des Ausgangstextes
- wörtliche Reden (sofern auch im Ausgangstext)

Inhalt

- sinnvolles, logisches und glaubwürdiges Aufgreifen des Ausgangstextes
- Einbringen kreativer, aber passender und realistischer Ideen
- keine plötzlichen und unerwarteten Wendungen
- kein Wechsel des Genres in Fantasy, Horror usw.
- Beibehaltung der Stimmung und Atmosphäre
- sofern passend: Einbringen von Gedanken/inneren Monologen und Gefühlen

Weitere Hinweise zum Inhalt können nicht gegeben werden, da es sehr viele mögliche Leerstellen und somit Aufgabenstellungen gibt.

SCHREIBAUFGABE

Formulieren Sie eine sinnvolle Vorgeschichte der Kurzgeschichte *Der Schritt zurück*. Lösen Sie sich von der Gedanken- und Gefühlswelt des Jungen und somit ausnahmsweise vom Erzählstil des Textes. Berücksichtigen Sie ansonsten die typischen Merkmale dieser Schreibform.

Perspektivenwechsel

Häufig sind literarische Texte so geschrieben, dass man das Geschehen primär (hauptsächlich) aus der Sicht einer Figur miterlebt. Andere Figuren handeln zwar auch, werden aber weitaus weniger detailliert beschrieben. Auch ihre Gedanken- und Gefühlswelt bleibt den Leserinnen und Lesern oft verborgen. **Die Aufgabe ist es, die Handlung des Textes aus der Perspektive einer anderen Figur zu beleuchten.**

Form	Sprache	Inhalt
• Absätze an passenden Stellen, z. B. bei neuem Gedankengang	• Anpassung des Sprachstils und der Wortwahl an geforderte Figur (Jugendlicher, Trainer, Arzt usw.) • Beibehaltung des Tempus (Zeitform) des Ausgangstextes • wörtliche Reden (sofern auch im Ausgangstext)	• keine 1 : 1-Umformulierung des Ausgangstextes • sinnvolles, logisches und glaubwürdiges Aufgreifen des Ausgangstextes • keine Veränderung der Handlung oder von Fakten • Empathie, Einfühlen und Hineindenken in die andere Figur (Wie nimmt sie das Geschehen wahr?) • ggf. Aufzeigen neuer sinnvoller Sichtweisen und ergänzender Informationen zum Geschehen • kein Wechsel des Genres in Fantasy, Horror usw. • Beibehaltung der Stimmung und Atmosphäre • Gedanken/innere Monologe • Gefühle

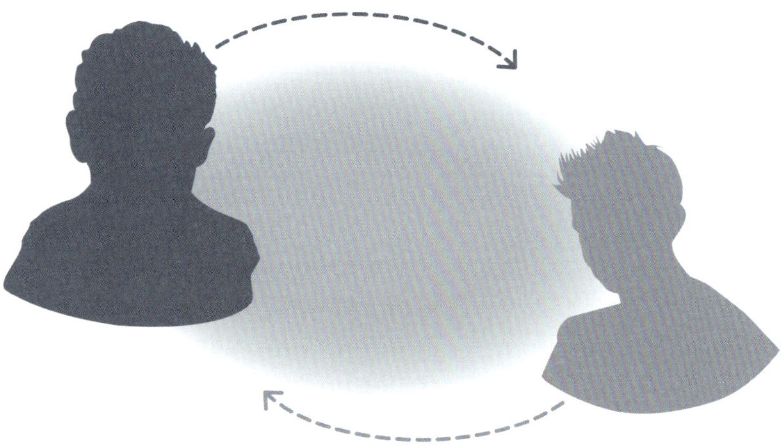

SCHREIBAUFGABE

In der Kurzgeschichte *Der Schritt zurück* nimmt man das Geschehen ausschließlich aus der Sicht des Jungen wahr. Schreiben Sie die Geschichte aus der Sicht des Trainers neu.
Sie können aus der ersten Person (*ich*) oder der dritten (*er*) schreiben.

Schluss

Mit dem Schluss, der wie die Einleitung ein Pflichtteil ist, endet der textgebundene Aufsatz. Dies ist der einzige Abschnitt, in dem du „Ich“ schreiben darfst – schließlich handelt es sich um deine persönliche Einschätzung des Textes.

Der Schluss gliedert sich in drei mögliche Segmente:

1. **Persönliche, begründete Einschätzung** des Textes
2. **Bedeutung** des Textes bzw. des Themas **für das eigene Leben**
3. **Bedeutung** des Textes bzw. des Themas **für die Gesellschaft**

Um die drei Abschnitte abzugrenzen, bietet es sich an, zwischen jedem einen **Absatz zu machen oder eine neue Zeile zu beginnen**.

Erfahrungsgemäß fällt Schülerinnen und Schülern vor allem die Bedeutung für das eigene Leben schwer. Denke dir zur Not einfach eine aus. Wichtig ist nur, dass sie glaubhaft ist.

Sätze wie „Der Text hat mein Leben komplett verändert.“ sind nicht glaubhaft.

➲ Aufgabe 1

a) Lies die nachfolgenden neun Fragen.
b) Entscheide, ob sie zu Teil **1**, **2** oder **3** aus dem obigen Kasten passen.
c) Schreibe die entsprechende Ziffer in den Kasten vor der jeweiligen Frage.

	Leitfragen für den Schluss
☐	**Welche Bedeutung hat das Thema des Textes für eine bestimmte Bevölkerungsgruppe oder gar die Bevölkerung als Ganzes?**
☐	**Was spricht mich persönlich in der Geschichte an bzw. nicht an?**
☐	**Was stimmt mich in der Geschichte nachdenklich?**
☐	**Wie hat mir der Schreibstil der Autorin/des Autors gefallen?**
☐	**Findet sich das Thema des Textes in meinem Leben wieder?**
☐	**Welche Gefühle löst der Text bei mir aus?**
☐	**Wie genau findet sich das Thema in meinem Leben wieder?**
☐	**Lässt sich aus dem Text etwas für mein Handeln mitnehmen?**
☐	**Wie soll die Gesellschaft mit dieser Situation oder dem Thema des Textes umgehen?**

Aufgabe 2

a) Lies die folgenden Formulierungen.

b) Entscheide, ob sie passend oder unpassend für den Schluss eines textgebundenen Aufsatzes zur Kurzgeschichte *Der Schritt zurück* sind.
Streiche unpassende Sätze mit Stift und Lineal weg.

c) Schreibe – je nach Zugehörigkeit zu Teil **1**, **2** oder **3** – die entsprechende Ziffer in den Kasten vor der Formulierung.

Formulierungen
☐ **Ich finde die Geschichte toll, weil der Jugendliche einen Trainer hat, der ihn unterstützt.**
☐ **Ich schätze, dass viele Jugendliche schon einmal in einer ähnlichen Situation waren, in der sie etwas tun sollten, was sie eigentlich gar nicht wollten.**
☐ **Einen Bezug zu meinem Leben kann ich nicht erkennen, da ich nicht ins Schwimmbad gehe.**
☐ **Der Text macht mich irgendwie an, weil ich mir den sexy Trainer unten im Becken vorstelle.**
☐ **Der Schreibstil der Autorin hat mir zugesagt, da ich mich aufgrund der vielen Emotionen gut in die Hauptfigur hineinversetzen konnte.**
☐ **Meiner Meinung nach war die Kürze das Gelungenste am Text, da ich so wenig lesen musste.**
☐ **Ich war selbst schon einmal in einer ähnlichen Situation – zwar nicht auf einem Sprungturm, aber ein Kumpel von mir wollte mich zu einer Mutprobe überreden.**

Im Schluss des textgebundenen Aufsatzes sollst du **deine Meinung zum Text bzw. des darin enthaltenen Themas** darlegen. Achte dabei darauf, dass du **keine Inhalte der begründeten Stellungnahme wiederholst**. Außerdem gehst du dort nur auf ***einen*** Aspekt des Themas ein, im Schluss **nimmst du auf den Text *als Ganzes* Bezug.**

Aufgabe 3

a) Denk noch einmal über *Der Schritt zurück* nach.

b) Mache dir anschließend zu jedem der drei Teile des Schlusses Gedanken und schreibe sie stichpunktartig auf die dafür vorgesehenen Zeilen auf dieser und der nächsten Seite.

Persönliche Einschätzung des Textes: ____________________

____

____

____

Bedeutung des Textes für das eigene Leben:

Bedeutung des Textes für die Gesellschaft:

Aufgabe 4

Formuliere zur Kurzgeschichte *Der Schritt zurück* einen vollständigen Schluss in dein Heft.

Als Unterstützung kannst du auf die nicht weggestrichenen Formulierungsvorschläge aus **Aufgabe 2** oder die nachfolgenden zurückgreifen:

- → *Besonders gelungen fand ich x, weil ...*
- → *Unglaubwürdig war für mich y, weil ...*
- → *Insgesamt sehe ich den Inhalt der Kurzgeschichte als gelungen/misslungen an, weil ...*
- → *Die Botschaft des Textes, dass ..., ist meiner Meinung nach wichtig, da ...*
- → *An der Aussage der Kurzgeschichte stört mich / finde ich besonders, dass ...*
- → *Zum Nachdenken hat mich z angeregt, da ...*
- → *Die durch den Text vermittelte Stimmung hat mich (nicht) bewegt, weil ...*

***Tipp:** Einen möglichen Schluss findest du im Musteraufsatz auf* ▶ **Seite 119**. *Verstehe die Lösung dort nur als Orientierung, da der Schluss ja deine Meinung beinhalten soll.*

Überleitungen

Auch wenn sie nur einen kleinen Teil deines Aufsatzes ausmachen, sind Überleitungen zwischen den einzelnen Aufgabenstellungen **stilistisch ansprechend**, für das Textverständnis **hilfreich** und werden bei der **Benotung berücksichtigt**.

Es gibt eine Vielzahl an möglichen Überleitungen. Im Prinzip kannst du einige davon auswendig lernen und sie dann deinem Aufsatz bzw. der Aufgabenstellung anpassen.

Mögliche Überleitungen

- → *Nach der allgemeinen Einleitung wird nachfolgend der Inhalt des Textes zusammengefasst, um die Handlung und die zentralen Ereignisse besser zu verstehen.*
- → *Die Kurzgeschichte enthält eine Vielzahl an rhetorischen Mitteln, um die Handlung an sich sowie die Figuren sprachlich ansprechend auszugestalten.*
- → *Bevor auf die Absicht des Verfassers eingegangen wird, soll zunächst x thematisiert/analysiert/beschrieben werden.*
- → *Auf den ausführlichen Nachweis der Textsorte folgt x.*
- → *Nachdem die Charaktereigenschaften von x erläutert wurden, wird nun untersucht …*
- → *Der nächste Abschnitt der Textanalyse befasst sich mit …*
- → *Im Folgenden wird detailliert auf x eingegangen.*
- → *Die Ergebnisse des letzten Abschnitts sind auch für den folgenden relevant, da/weil …*
- → *Der letzte Punkt dieses Aufsatzes reflektiert die analysierte Kurzgeschichte.*

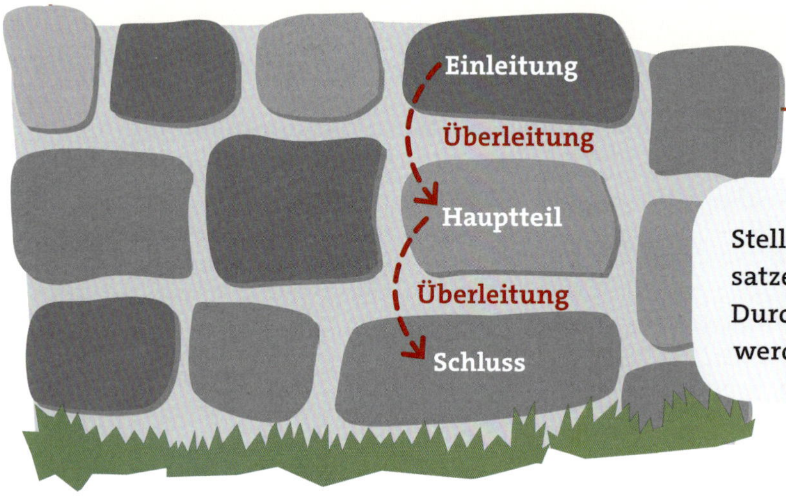

Stell dir die einzelnen Teile deines Aufsatzes wie die Steine einer Mauer vor. Durch Fugen – deine Überleitungen – werden sie miteinander verbunden.

Hinweis

Besprich mit deiner Deutschlehrkraft, ob du abgesehen vom Schluss „ich" verwenden darfst oder nicht.
Kläre außerdem, ob du bei jeder Aufgabenstellung eine Überleitung einbauen sollst. Oftmals klingen sie dann gezwungen und „künstlich".

ERSCHLIEẞEN EINES PRAGMATISCHEN TEXTES

Bei diesem textgebundenen Aufsatz wird dir ein journalistischer Text vorgegeben. Das kann **eine Reportage**, **ein Kommentar**, **eine Glosse** oder eine andere Textsorte aus dem Bereich der Presse sein.
Dieses Trainingsbuch konzentriert sich auf die journalistischen Textsorten, die bisher geprüft wurden:

2016[1] → Reportage/Glosse

2017 → Reportage/Glosse

2018 → Glosse

2019 → Kommentar

2020 → Reportage/Glosse

2021 → Subjektiver und meinungsbetonter Text

2022 → Reportage/Glosse

2023 → Reportage

2024 → Kommentar mit Elementen einer Glosse

Der textgebundene Aufsatz folgt einem klaren Aufbau:

1. Einleitung ▶ **Seite 52**
2. Strukturierte Inhaltszusammenfassung ▶ **Seite 78**
3. Sprachanalyse ▶ **Seite 53–58**
4. Weitere Besonderheit (z. B. Verfasserabsicht ▶ **Seite 59 f.**, mögliche Reaktionen der Leserschaft ▶ **Seite 62**, Textsortennachweis ▶ **Seite 79 f.**)
5. Begründete Stellungnahme (ca. 250 Wörter/eine DIN-A4-Seite) ▶ **Seite 63**
6. Offener Schreibauftrag (ohne vorgegebene Wortanzahl) ▶ **Seite 64–72**
7. Schluss ▶ **Seite 73–75**

Die meisten Teile des textgebundenen Aufsatzes hast du bereits im vorherigen Kapitel kennengelernt, sodass hier nur auf die Besonderheiten bei der Auseinandersetzung mit pragmatischen Texten eingegangen wird.

Hinweis

*Eine **Gliederung** kann zwar erstellt werden, ist aber anders als beim materialgestützten Argumentieren **weder gefordert, noch wird sie bewertet**. Nichtsdestotrotz kann sie dir eine **Hilfestellung und Gedankenstütze** sein.*

1 In den Prüfungen 2016 bis 2022 standen zum Teil mehrere Themen zur Auswahl, da die Lehrkraft für ihre Klasse auswählen musste.

Strukturierte Inhaltszusammenfassung

Bei der Erschließung eines pragmatischen Textes – unabhängig davon, welche journalistische Textsorte geprüft wird – muss in der Regel eine strukturierte Inhaltszusammenfassung verfasst werden.

➲ Aufgabe

Füllt den Lückentext zu zweit mit Hilfe des Wortspeichers aus.

Wortspeicher

sachlich | Aussage | Präsens | W-Fragen | indirekte Rede | Inhalt | Zeilenangaben | Überleitungen | wichtigsten Informationen | knapper Form | Sinnabschnitte | Perfekt | eigenen Worten

In einer Inhaltszusammenfassung gibt man den ____________ eines Textes in möglichst ____________ und in ____________ wieder.

Dabei werden sofern möglich die ____________: Wer?, Wo?, Wann?, Was?, Wie? und Warum? beantwortet. Ziel ist, dass jemand den Text versteht, obwohl er ihn nicht kennt.

Eine Inhaltszusammenfassung hat folgende Kennzeichen:

- Es werden nur die ____________ wiedergegeben. Details werden weggelassen.
- Die Zeitform ist ____________ bzw. ____________, wenn du etwas aus dem Text zusammenfasst, das in der Vergangenheit geschehen ist.
- Wörtliche Rede wird durch ____________ ersetzt oder umschrieben.
- Der Sprachstil ist ____________, d. h. ohne Kommentare und Ausschmückungen. Es wird keine Spannung aufgebaut.
- Anders als bei literarischen Texten macht es bei journalistischen Sinn, den Text und somit die Inhaltszusammenfassung in ____________ zu unterteilen. Dabei sollten auch die ____________ genannt werden.
- Zusätzlich sollte dabei die ____________ des Abschnitts eingebaut werden, z. B. Argument des Verfassers/der Verfasserin, persönliche Meinung einer betroffenen Person usw.
- Damit die Abfolge der Abschnitte nicht eintönig wird, sollten ____________ ____________ verwendet werden.

Textsortennachweis

Eine mögliche Aufgabe ist es nachzuweisen, dass es sich bei dem vorliegenden Text um einen Kommentar, eine Reportage, eine Glosse usw. handelt. Auch wenn sich die Merkmale der genannten Textsorten voneinander unterscheiden, ist das Vorgehen stets dasselbe: Du führst nacheinander die Textsortenmerkmale auf und zitierst sie direkt oder indirekt aus dem Text (► **Seite 8**).

Nutze Formulierungen wie:

- → *Typisch für eine Reportage ist ...*
- → *Ein weiteres Merkmal für die Textsorte Glosse ist ...*
- → *Darüber hinaus ist/hat/besitzt ein Kommentar ...*
- → *Weiterhin lässt sich die Textsorte Reportage damit begründen, dass ...*

Hinweis

Es müssen nicht zwangsweise alle Merkmale einer Textsorte im zu analysierenden Text vorhanden sein. In der Aufgabenstellung wird dir vermutlich nicht vorgegeben, wie viele Merkmale du finden sollst. Wünschenswert sind vier oder fünf, aber besprich die geforderte Anzahl am besten mit deiner Deutschlehrkraft.

Nachfolgend findest du die **Merkmale der drei journalistischen Textsorten**, die in den Prüfungen der vergangenen Jahre bisher am häufigsten drankamen.

Was ist eine Glosse?

Eine Glosse ist eine journalistische Textsorte, die meist **kurz, prägnant und pointiert** (auf den Punkt gebracht) ein **aktuelles – meist politisches oder soziales – Thema** behandelt, genauer gesagt **kritisiert**.

Charakteristisch ist ihr **satirischer, spöttischer, humorvoller oder ironischer Stil**. Ziel einer Glosse ist es, die Leserschaft durch **sprachliche Zuspitzung** und **Übertreibung** zum einen zu **unterhalten** oder gar **zum Lachen zu bringen** und zum anderen **zum Nachdenken anzuregen**.

Dabei werden häufig **rhetorische Mittel** (Stilmittel) wie Wortspiele, Metaphern und Sarkasmus genutzt.

Durch ihren unterhaltsamen und oftmals „bissigen" Charakter hebt sich die Glosse stark von anderen vor allem sachlichen Meinungsbeiträgen ab.

Was ist eine Reportage?

Eine Reportage ist eine journalistische Textsorte, die sich anhand mehrerer Merkmale gut von anderen Pressetexten unterscheiden lässt.

Zunächst fallen die **äußeren Merkmale** auf: Der Text beginnt mit einem **fettgedruckten Titel**, der die Leserschaft ansprechen soll. Dem folgt ein häufig **kursiv (schräg) geschriebener Vorspann (Lead)**, der als Hinführung zum Thema dient.

Entweder bei der Überschrift oder am Ende des Textes ist der **Name des Autors bzw. der Autorin** abgedruckt. Die Reportage selbst wird in der Regel durch **Zwischenüberschriften** gegliedert. Um den Text anschaulich zu gestalten, enthält sie zumeist **Bilder**.

Inhaltlich zeichnet sich diese Textsorte dadurch aus, dass sie ein vergleichsweise **aktuelles Thema** aufgreift. Für Recherchearbeiten ist der Autor oder die Autorin häufig selbst **vor Ort**, macht sich ein Bild der Situation und **interviewt verschiedene Personen** wie **Betroffene** oder **Expertinnen und Experten**, um das Thema aus **verschiedenen Blickwinkeln** zu beleuchten. Diese **subjektiven** und häufig **wertenden Eindrücke** werden durch **objektive Informationen** ergänzt.
Dabei kann es zu **Tempuswechseln** (Wechsel der Zeitformen) kommen, wenn beispielsweise über etwas aus der Vergangenheit geschrieben oder ein Blick in die Zukunft gewagt wird.

Das letzte Merkmal einer Reportage ist die **Zoomtechnik**: Der Text **beginnt mit einem kleinen Detail** und „zoomt" immer weiter nach draußen und gibt den Leserinnen und Lesern **Hintergrundinformationen** sowie **Aussagen verschiedener Personen**.

Was ist ein Kommentar?

Ein Kommentar ist eine journalistische Textsorte, bei der der Autor oder die Autorin die **eigene Meinung** zu einem **aktuellen Thema** darstellt. In der Regel handelt es sich dabei um **Kritik**, selten um Lob und Anerkennung.

Der Sprachstil ist **klar, prägnant** und bringt somit den Inhalt **pointiert** (auf den Punkt gebracht) zum Ausdruck. Der Hauptunterschied zur Glosse ist, dass der Text **nicht spöttisch und übertrieben** formuliert ist, **sondern weitestgehend sachlich**, wobei er aber dennoch mit seinen Ansichten, weniger der Sprache, **provozieren** kann.

Der Autor bzw. die Autorin möchte der Leserschaft die eigene Position darlegen und sie auch von ihr **überzeugen**, manchmal sogar zu einer **Verhaltensänderung** bewegen. Damit leistet ein Kommentar einen **Beitrag zur Meinungsbildung**. Selbst wenn man dem Inhalt des Kommentars nicht zustimmt, kann er doch zu Diskussionen anregen.

Text 1

Ein paar Kilo Mensch (2009)

von Katrin Zeug

Flach geht das Wasser des Sees in die grauen Wolken über. Alles ist ruhig, ein paar Enten dümpeln am Ufer, die Zweige haben ihr Laub verloren und stehen kahl am Kieselweg. Hier dürfen die Mädchen hin, wenn ihr BMI[1] über 15 ist, wenn ihr Körper sie wieder trägt, das Stück runter von der Klinik, die 50 Meter bis zum Wasser. Den Body-Mass-Index (BMI) 15 erreicht man beispielsweise, wenn man bei 1,65 Metern 41 Kilo wiegt. Darunter darf das Bett nicht verlassen werden, weil dem Herz bei Bewegung die Energie zum Schlagen fehlen könnte und die Gefahr besteht, dass Knochen brechen oder das Gehirn sich verkrampft, weil nicht genug Nährstoffe da sind. Erst wenn das Gewicht ein paar Tage hält, dürfen sie runter zum See, die Mädchen von Station 1, Abteilung Essstörungen. Eine halbe Stunde lang, mit Begleitung.

Die 47-Kilo-Marke

Bea wog 48 Kilo, als sie in die Klinik gebracht wurde. Sie war kurz zuvor zusammengeklappt und hatte bewusstlos im Klassenzimmer gelegen, bis der Notarzt kam, der für die Blutabnahme nicht mal mehr eine Ader fand, so vertrocknet war sie. Bea, 15, trägt die gelockten Haare locker zusammengebunden, ihren Körper erkennt man nicht unter der Kleidung.

Beim Hungern, sagt sie, sei sie endlich einmal mit einer Sache richtig gut gewesen. Konsequenter als alle anderen. Kurz vor Weihnachten letzten Jahres hatte sie noch 65 Kilo gewogen und gedacht, »es müsse was passieren«.

Sie begann mit einer Diät, es gab Salat und fettarme Produkte. Als ihr Gewicht nicht mehr weiter sank, verzichtete sie auf warmes Essen. Nahrungsaufnahme wurde für sie gleichbedeutend mit Schwäche. Dann gab es nur noch Obst, 1,5 Liter Wasser und Tee. Verzicht wurde zum Symbol für Stärke. Die Magersucht[2] war ihr treuester Begleiter. Am Ende aß sie ein paar Tage lang gar nichts, immerzu Kaugummi kauend. Hunger empfand sie nicht mehr, sagt sie, und auch sonst nicht viel. Sie hatte aufgehört zu lachen und musste manchmal im Unterricht plötzlich weinen. Als sie bewusstlos auf dem Boden lag, war ihr längst alles egal. Sie war abgetaucht in eine andere Welt, »weit weg in ein Nichts«, wo sie eine Idealfigur hatte und ohne Essen leben konnte.

»Ich war wie weggebeamt«, sagt sie; gefangen von einer Krankheit, die ihr treuester Begleiter geworden war. Morgens auf der Waage war sie da, als schmeichelnde Zahl, tagsüber, als kämpferische Freundin, mit der Bea über Schwächen siegte und die ihr am Abend Ziele vorgab, die sie erreichen konnte: 55 Kilo, 52, dann blieb die Periode aus. Bei 50 Kilo wünschte sie sich, dass nur ein einziges Mal die 49 auf der Waage erscheint. Bea fielen die Haare aus, ihre Nägel hörten auf zu wachsen. Als sie sich in der Schule schon nicht mehr konzentrieren konnte, setzte sie 47 Kilo als Marke. Auf dem Rücken beginnt ein feiner Flaum zu wachsen. Lanugohaare[3] nennt man die Härchen, die sonst nur Föten bekommen, um sich im Mutterleib vor Schall und Druck zu schützen.Bevor Bea ihr Ziel erreicht, findet ihre Mutter im Internet eine Liste mit Symptomen und bringt ihre Tochter ins Krankenhaus.

Kein Gefühl für Hunger oder Sattsein

Anna wurde zur selben Zeit von ihrem Freund gebracht. Durch ihren Sackpulli wirken die Konturen[4] der Knochen beinahe weich. Die schwarzen Leggings dagegen verschonen den Blick nicht.

Anna hat eines ihrer dürren Beine untergeschlagen, während sie von der Bulimie[5] erzählt, die sie, 18 Jahre alt, auf 44 Kilo abmagern ließ. Sie habe nie gelernt, richtig zu essen, sagt sie. In ihrer Familie hätten alle immer irgendwann irgendwas gegessen und der Vater erst der Mutter und später auch ihr Vorwürfe gemacht, weil die Figur nicht passte. Anna wollte passen. Sie aß weniger und spielte so viel Hockey, dass sie in die Bayernauswahl kam. Mit 14 bekam sie die ersten Komplimente von Jungs und hungerte weiter. Keiner bemerkte die Krankheit, weil sie log, und weil niemand so genau nachfragte.
Ihr Hockeytrainer ließ sie schon nicht mehr spielen, wegen des schwachen Körpers, doch der Vater sah sie noch immer nicht gerne an. Als sie sich verliebt und mit ihrem Freund zu Abend isst, geht sie danach auf die Toilette und kotzt. Anna braucht nicht einmal einen Finger. Sie kann das Essen allein mit ihren Gedanken und ein paar Hüpfern hoch holen.

»Ich wollte normal essen, aber ich kannte weder das Gefühl für Hunger noch das für Sattsein oder für normale Mengen.« Wenn sie abends alleine war oder Stress hatte, ließ sie der aufgestauten Gier freien Lauf, sie »fraß alles, was verboten ist«, sagt sie – und zählt dann Lebensmittel auf, die für andere ganz normal sind: Brot, Butter, Käse, Pizza. »Während ich aß, konnte ich über Verletzungen nachdenken, ohne dass sie zu nah an mich herankamen. Als ob das Essen mich schützte.« War der Kühlschrank leer, kam die Angst, dass »ich das nicht mehr rausbekomme«. Sie trank dann einen Liter Milch, damit es besser flutschte, und am nächsten Tag schmerzte ihr der Hals von den sauren Magensäften.

Auslöser und Folgen der Magersucht

»Es geht immer um einen innerseelischen Konflikt, der nach außen verlagert und über Essen reguliert wird«, sagt Sabine Dornhofer, Oberärztin der Psychosomatischen Abteilung. Wenn die Mädchen ihre Gefühle weg- und sich selbst in einen Dämmerzustand hungern, dann ist das ihre Form, mit Problemen umzugehen. »Viele der Mädchen sind Opfer sexuellen Missbrauchs, aber auch andere Verletzungen oder Ängste können Ursachen sein: Der Wunsch, für immer Tochter zu bleiben beispielsweise, Flucht vor Erwartungen oder dem Frauwerden«, sagt Dornhofer. Die vermeintliche Kontrolle über den Körper beruhigt, wenn das Leben unberechenbar scheint, die strengen Regeln beim Essen geben Halt, in einer Freiheit, die manche überfordert. Es sind die pflichtbewussten, leistungsorientierten Mädchen, die in ihrem Körper ein Reservat finden, wo allein sie die Gesetze bestimmen. Diese Macht, diese Droge wieder herzugeben, fällt so schwer, dass selbst heftigste körperliche Warnsignale übergangen werden. Bei manchen Patientinnen sei sogar das Gehirn durch Ernährungsmangel rückgebildet, sagt Dornhofer. Keine andere psychische Krankheit ist so tödlich wie die Anorexia nervosa. Etwa jeder Zehnte überlebt die Magersucht oder deren Folgen nicht. Nur etwa die Hälfte der an Magersucht Erkrankten schafft es, vollständig gesund zu werden. Unter den Bulimikerinnen ist die Heilung noch seltener.

Quelle: bpb (Hrsg.). Katrin Zeug. *Ein paar Kilo Mensch.* Bonn: fluter 2009, Heft 33, S. 28.
Gekürzt und mit Zwischenüberschriften versehen.

1 **BMI** Verhältnis vom Körpergewicht zur Körpergröße (BMI = Körpergewicht : (Körpergröße in Metern)^2)
2 **Magersucht** Essstörung, bei der Betroffene extrem wenig essen, um Gewicht zu verlieren
3 **Lanugohaare** Bei Menschen, die an Magersucht leiden, wachsen sie, um die Körperwärme zu halten.
4 **Kontur** hier: äußere Form oder Silhouette des menschlichen Körpers
5 **Bulimie** Essstörung mit wiederholten Essanfällen und anschließendem Erbrechen

➲ Aufgabe 1

Bei *Ein paar Kilo Mensch* handelt es sich um eine Reportage.
Schreibe auf die nachfolgenden Zeilen einen Textsortennachweis (▶ **Seite 79 f.**) anhand von vier Merkmalen.

Du kannst die folgenden Bausteine verwenden:

→ *Typisch für eine Reportage ist …*

→ *Ein weiteres Merkmal für die Textsorte Reportage ist …*

→ *Darüber hinaus ist/hat/besitzt eine Reportage …*

→ *Weiterhin lässt sich die Textsorte Reportage damit begründen, dass …*

➲ Aufgabe 2

Schreibe eine vollständige strukturierte Inhaltszusammenfassung (▶ **Seite 78**) in dein Heft.

Du kannst die folgenden Bausteine verwenden:

→ *Im nächsten Abschnitt (Z. a–b) geht die Autorin auf x ein.*

→ *Danach interviewt sie x, um y aufzuzeigen.*

→ *Auf die Interviews folgen x (Z. a–b), womit die Autorin y zeigt / auf y hinweisen möchte.*

→ *Nach einer eher sachlichen Beschreibung von x (Z. a–b), geht die Autorin zu y über (Z. c–d).*

Tipp: *Die Sinnabschnitte und deren Überschriften gibt dir der Text hier schon vor.*

➲ Aufgabe 3

„»Es geht immer um einen innerseelischen Konflikt, der nach außen verlagert und über Essen reguliert wird«." (S. 82, Z. 68 f.)

Erkläre, was die Oberärztin mit dieser Aussage meint.

Aufgabe 4

Erläutere die Kritik der Autorin, die in dem folgenden Textauszug zum Ausdruck kommt:

„Ihr Hockeytrainer ließ sie schon nicht mehr spielen, wegen des schwachen Körpers, doch der Vater sah sie noch immer nicht gerne an." (S.82, Z. 54–56.)

Aufgabe 5

„Eine halbe Stunde lang, mit Begleitung." (S.81, Z. 8 f.)

Bestimme das Stilmittel und erläutere seine Funktion.

Aufgabe 6

Stell dir vor, Bea und Anna aus der Reportage dürfen zum ersten Mal zusammen an den See.
Notiere stichpunktartig aus der Sicht einer der beiden jungen Frauen in dein Heft, was sie in diesem Moment über ihre bisherigen Erfahrungen und die Zukunft denkt.

Aufgabe 7

a) Schreibe nun selbst einen vollständigen Aufsatz.

SCHREIBAUFGABE

Lesen Sie den Text *Ein paar Kilo Mensch* sorgfältig durch und bearbeiten Sie im Anschluss daran die folgenden Aufgaben.

1. Fassen Sie den Textinhalt zusammen. Der Aufbau muss erkennbar werden.
2. Weisen Sie am Text nach, dass es sich um eine Reportage handelt.
3. Analysieren Sie den Titel des Textes.
4. Beschreiben Sie insgesamt acht sprachliche Auffälligkeiten aus den Bereichen Satzbau, Wortwahl und sprachliche Mittel sowie deren Wirkung.
5. „Ihr Hockeytrainer ließ sie schon nicht mehr spielen, wegen des schwachen Körpers, doch der Vater sah sie noch immer nicht gerne an." (S.82, Z. 54–56). Beziehen Sie Stellung zu der Frage, welche Verantwortung Erwachsene für das Wohlergehen von Kindern und Jugendlichen haben, die ihnen anvertraut sind. Schreiben Sie etwa 250 Wörter.
6. Verfassen Sie einen inneren Monolog von Bea *oder* Anna, als sie zum ersten Mal an den See dürfen.

b) Auf den folgenden vier Seiten findest du einen Musteraufsatz zu dieser Schreibaufgabe.
Lies ihn dir im Anschluss gründlich durch.

Hinweis

Zur leichteren Orientierung enthält dieser Musteraufsatz Teilüberschriften. Dein Aufsatz in der Prüfung sollte diese nicht enthalten.

Musteraufsatz – *Ein paar Kilo Mensch*

von Julia Biedermann

Einleitung

Die Reportage „Ein paar Kilo Mensch“ von Katrin Zeug, veröffentlicht 2009 auf fluter.de, beschreibt beispielhaft am Schicksal zweier betroffener junger Frauen, welche Macht die Magersucht über das Leben Erkrankter hat und wie schwierig es ist, aus dem Teufelskreis des Hungerns wieder auszubrechen.

Strukturierte Inhaltszusammenfassung

Der Text beginnt mit einem Vorspann, der zum Thema hinführt und die Situation beschreibt: In einer Klinik am See werden Mädchen mit Essstörungen behandelt. Dorthin dürfen sie unter Aufsicht für eine halbe Stunde erst, wenn ihr BMI stabil über 15 liegt. (vgl. Z. 2–4, 7–9)

Darauf folgt von Zeile 10–39 der erste Abschnitt mit der Überschrift „Die 47-Kilo-Marke“, in der die Protagonistin Bea erzählt, wie ihre Magersucht mit 65 Kilo begann und sie schließlich mit 48 Kilo kollabiert und in die Klinik eingeliefert worden ist.

Im nächsten Abschnitt „Kein Gefühl für Hunger oder Sattsein“ (Z. 40–66) lernen die Leser Anna kennen, die mit 18 Jahren in die Klinik gekommen ist, weil sie nur noch 44 Kilo gewogen und ihr Freund sich daher Sorgen gemacht hat. Sie hat um die Anerkennung ihres Vaters gekämpft und das Essen als emotionalen Schild empfunden – bevor sie es wieder erbrochen hat, um nicht zuzunehmen.

Zuletzt wird auf die „Auslöser und Folgen der Magersucht“ (Z. 67–82) eingegangen. In diesem Abschnitt äußert sich die Oberärztin Sabine Dornhofer: Die Betroffenen versuchen, durch die Einschränkung ihrer Nahrungsaufnahme ein anderes psychisches Problem zu bewältigen. Diese können sie selbst beeinflussen, was sie im Inneren belastet, nicht. Ein Zehntel der Erkrankten stirbt an den Folgen der Magersucht.

Textsortennachweis

Bei dem vorliegenden Text handelt es sich um eine Reportage. Deutlich wird das zum einen an der äußeren Form, dem Layout. Der Text beginnt mit dem fettgedruckten Titel „Ein paar Kilo Mensch“, auf den ein kursiv geschriebener Vorspann folgt (Z. 1–9). Unter dem Titel wird der Name der Autorin Katrin Zeug genannt. Die bereits genannten Zwischenüberschriften gliedern die Reportage in Abschnitte. Die Bilder von Bea und Anna auf Höhe der Zeilen 18–29 und 43–55 veranschaulichen, wie die Magersucht sie gezeichnet hat.

Zum anderen greift die Reportage, obwohl sie aus dem Jahr 2009 ist, mit der Magersucht ein aktuelles Thema auf. Auch heute sind viele Menschen, die meisten von ihnen junge Frauen, davon betroffen, und die sozialen Medien verstärken den Druck, schlank sein zu müssen. Die Autorin lässt mit Bea und Anna zwei Betroffene und eine Oberärztin als Expertin zu Wort kommen, um das Thema aus verschiedenen Perspektiven zu beleuchten. Diese subjektiven Eindrücke ergänzt sie mit Fakten zur Krankheit und deren Auswirkungen, wenn sie beispielsweise erklärt, was Lanugohaare sind: „[...] Härchen, die sonst nur Föten bekommen, um sich im Mutterleib vor Schall und Druck zu schützen.“ (Z. 37 f.)

Das Tempus wechselt vom Präsens ins Präteritum, wenn über die Vergangenheit der Patientinnen berichtet wird: „Anna wurde zur selben Zeit von ihrem Freund gebracht. Durch ihren Sackpulli wirken die Konturen der Knochen beinahe weich.“ (Z. 41 f.)

Die Reportage nutzt die Zoomtechnik, indem sie mit einer detaillierten Beschreibung des Sees und der Bedingungen, unter denen die Patientinnen dorthin dürfen, beginnt. Dann zoomt sie nach außen und gibt weitere Hintergrundinformationen, bevor die Aussagen der interviewten Personen folgen.

Titelanalyse

Der Titel der Reportage „Ein paar Kilo Mensch“ lässt beim ersten Lesen an ein kleines Kind denken, denn ein paar Kilo sind nicht viel. Liest man den ganzen Text, wird jedoch deutlich, dass es um eine magersüchtige Jugendliche und eine junge Frau geht. Auch von ihnen hat die Krankheit nur noch „ein paar Kilo“ übrig gelassen: 48 bei Bea und 44 bei Anna – viel zu wenig für ihre 15 bzw. 18 Jahre. Der als Hyperbel formulierte Titel spielt jedoch nicht nur auf das Gewicht der Magersüchtigen an, sondern auch auf deren Psyche: Alles dreht sich nur noch um das Gewicht, durch das Hungern betäuben sie ihre Gedanken und Gefühle.

Sprachanalyse

Im Text finden sich sowohl längere Satzgefüge und Satzreihen als auch kurze Hauptsätze. Die Ellipse „Eine halbe Stunde lang, mit Begleitung“ (Z. 8 f.), nennt in nüchternem Tonfall die Einschränkungen, denen die Mädchen unterliegen und macht klar, wie geschwächt diese sind. Bea fühlte sich „Konsequenter als alle anderen“ (Z. 15 f.), wenn sie gehungert hat. Die Ellipse hebt hervor, wie wichtig dieses Gefühl für das Mädchen gewesen ist.

Parataxe dienen der knappen Beschreibung von Vorgängen und Fakten: „Bea, 15, trägt die gelockten Haare locker zusammengebunden, ihren Körper erkennt man nicht unter der Kleidung.“ (Z. 13 f.) „Bea fielen die Haare aus, ihre Nägel hörten auf zu wachsen“ (Z. 35); Das Alter der beiden Mädchen wird in Einschüben genannt: „Anna hat eines ihrer dürren Beine untergeschlagen, während sie von der Bulimie erzählt, die sie, 18 Jahre alt, auf 44 Kilo abmagern ließ.“ (Z. 43–45) Beim Lesen bleibt man daran hängen und denkt sich, dass 44 Kilo erschreckend wenig für eine 18-Jährige sind. Annas Äußeres wird kontrastierend in zwei kurzen Hauptsätzen beschrieben: „Durch ihren Sackpulli wirken die Konturen der Knochen beinahe weich. Die schwarzen Leggings dagegen verschonen den Blick nicht.“ (Z. 41 f.)

Im letzten Absatz ist auffallend, dass die tödlichen Folgen der Magersucht überwiegend in Hauptsätzen geschildert werden: „Keine andere psychische Krankheit ist so tödlich wie die Anorexia nervosa. Etwa jeder Zehnte überlebt die Magersucht oder deren Folgen nicht. […] Unter den Bulimikerinnen ist die Heilung noch seltener.“ (Z. 79–82) Dadurch treten diese besonders drastisch hervor.

Die Aussagen der Mädchen und der Oberärztin werden in direkter Rede wiedergegeben, was dem Text den für eine Reportage typischen anschaulichen Charakter verleiht: „»Ich war wie weggebeamt.«“ (Z. 32) Dadurch können sich die Leserinnen und Leser in die interviewten Personen hineinversetzen.

Der Vorspann führt mit anschaulichen Adjektiven in den Text ein und lässt vor den Augen des Lesers ein detailliertes Bild des Gewässers entstehen: „Flach geht das Wasser des Sees in die grauen Wolken über. Alles ist ruhig, ein paar Enten dümpeln am Ufer, die Zweige haben ihr Laub verloren und stehen kahl am Kieselweg.“ (Z. 1 f.)

Der informative Sprachstil der Reportage wird von Umgangssprache durchbrochen, vor allem bei der Beschreibung der krankheitsbedingten Verhaltensweisen: Anna „»fraß alles, was verboten ist«“ (Z. 61) und „kotzt“ (Z. 57) anschließend. Die Hintergrundinformationen über die Krankheit werden mit Fachbegriffen aus dem medizinischen Bereich wie „Anorexia nervosa“ (Z. 79) vermittelt. Dadurch wirkt der Text sowohl authentisch als auch informativ.

Neben der Hyperbel im Titel fallen insbesondere im Abschnitt über Bea weitere Stilmittel auf. Der Parallelismus am Ende des Vorspanns betont, wie entkräftet die Patientinnen sind: „Hier dürfen die Mädchen hin, wenn ihr BMI über 15 ist, wenn ihr Körper sie wieder trägt, das Stück runter von der Klinik, die 50 Meter bis zum Wasser." (Z. 2–4) Einen BMI von 15 erreicht man mit einer Größe von 1,65 beispielsweise, wenn man 41 Kilo wiegt, und 50 Meter Fußweg sind für einen gesunden Menschen keine Anstrengung.

Die kurze Aufzählung „Dann gab es nur noch Obst, 1,5 Liter Wasser und Tee" (Z. 21 f.) macht deutlich, wie wenig Bea in dieser Phase ihrer Krankheit noch zu sich genommen hat. Ihr Krankheitsverlauf wird mit einer Klimax geschildert: „55 Kilo, 52, dann blieb die Periode aus. Bei 50 Kilo wünschte sie sich, dass nur ein einziges Mal die 49 auf der Waage erscheint. Bea fielen die Haare aus, ihre Nägel hörten auf zu wachsen. Als sie sich in der Schule schon nicht mehr konzentrieren konnte, setzte sie 47 Kilo als Marke." (Z. 34–36) Was Bea als erstrebenswert empfunden hat, löst beim Leser durch die steigernde Form die gegenteilige Reaktion aus, ihr krankhaftes Denken wird umso offensichtlicher. Auffallend ist auch die Personifikation der Magersucht: Bea war „gefangen von einer Krankheit, die ihr treuester Begleiter geworden war" (Z. 32 f.). Viele Betroffene betrachten ihre Krankheit tatsächlich als eine Art Freundin – obwohl aus medizinisch-psychologischer Sicht das Gegenteil der Fall ist.

Begründete Stellungnahme

Angesichts der Aussage, dass Annas Trainer sie wegen ihres geschwächten Zustandes nicht mehr spielen ließ und ihr Vater sie immer noch nicht gern ansah, stellt sich die Frage nach der Verantwortung, die Erwachsene für ihre Schutzbefohlenen tragen. Erwachsene, wie Eltern, Trainer oder Lehrer, sind für das Wohlergehen von Kindern und Jugendlichen verantwortlich, die ihnen anvertraut sind. Dazu gehört auch, tätig zu werden, wenn diese sich auffällig verändern.

Zum einen gilt das für Trainer, die die Kinder im Verein häufig sehen: Gerade beim Sport fallen körperliche Veränderungen wie eine starke Gewichtsabnahme rasch auf. Annas Hockeytrainer hat daher richtig reagiert, indem er sie wegen ihres körperlichen Zustands nicht mehr spielen ließ. Es bleibt jedoch unklar, ob er das Problem erkannt und weitere Maßnahmen ergriffen hat, um seiner Spielerin zu helfen.

Zum anderen gilt das auch für Lehrer gegenüber ihren Schülern. In Beas Fall konnte sie sich schon längst nicht mehr im Unterricht konzentrieren, weil sie so unterernährt war, doch erst als sie im Klassenzimmer zusammenbrach, wurde der Notarzt gerufen. Man erfährt allerdings nicht, ob ihre Lehrer schon früher das Gespräch mit ihr oder ihrer Mutter gesucht haben, die sie schließlich einlieferte.

Letzten Endes liegt die Verantwortung bei den Eltern, deren Aufgabe es ist, für ihr Kind und dessen Wohlergehen Sorge zu tragen. In der Aussage wird vor allem Kritik an Annas Vater deutlich, der die Krankheit seiner Tochter nicht erkannt hat und ihr daher nicht die benötigte Aufmerksamkeit und Zuwendung gab. Stattdessen vermittelte er ihr weiterhin das Gefühl, nicht gut genug zu sein. Erst ihr Freund erkannte, wie schlimm es um sie stand und brachte sie in die Klinik.

(267 Wörter)

Offener Schreibauftrag – Innerer Monolog aus Annas Sicht

Der See, da ist er! Endlich. Im Sommer ist es hier bestimmt schön, wenn die Sonne scheint, jetzt ist alles kahl und grau. Und trotzdem freue ich mich über jede Einzelheit, als wäre ich zum ersten Mal draußen. Atme tief ein. Sehe den Enten zu, wie sie durch das Gras watscheln. Seit Wochen habe ich mir diesen Moment vorgestellt. Ich bin so stolz auf mich, dass ich es bis hierhin geschafft habe.

Ein erster Erfolg! Schade, dass mein Freund nicht dabei sein kann. Aber er kommt morgen wieder zu Besuch. Ich freue mich schon sehr, denn er fehlt mir hier. Ihm verdanke ich das. Er hat erkannt, dass ich Hilfe brauche, dass ich es nicht mehr allein schaffe. Mein Leben gerettet, auch wenn ich es zuerst nicht einsehen wollte. Dabei hätten meine Eltern mir viel früher helfen müssen, das weiß ich jetzt. Spätestens als der Trainer mich nicht mehr spielen ließ, weil ich fürs Hockey zu schwach war …

Aber Papa hat mich immer noch nicht richtig angesehen und von ihm habe ich auch immer zu hören bekommen, wenn meine Figur nicht passte. Ich und meine Mutter. Dass ich über Jahre langsam verschwand, haben meine Eltern gar nicht mitbekommen. Oder es hat sie nicht interessiert.

Vielleicht war meiner Mutter auch nicht klar, dass das nicht normal war. Sie ist zum Abnehmen animiert worden, obwohl sie schon so schlank war. Ich wollte immer nur passen, wollte Papas Erwartungen erfüllen. Klar, anfangs habe ich auch noch Komplimente von allen bekommen und fühlte mich mit meiner neuen Figur schön. Aber irgendwann drehte sich alles nur noch um das Essen. Ich habe deswegen kein Gefühl mehr dafür, wie viel Essen normal ist und wann ich satt bin. Ich aß nur noch, um mich vor meinen Gedanken zu schützen, und würgte dann alles verbotene Essen wieder hoch, damit ich nicht zunahm. Bloß nicht zunehmen! Hier in der Klinik muss ich zusammen mit den anderen Mädchen erstmal ein neues, gesundes Essverhalten lernen. Es ist nicht leicht, auf der Waage nicht zu denken, dass die Zahl zu hoch wird. Beim Blick in den Spiegel nicht zu denken, dass ich wieder zu dick werde. Der Versuchung zu widerstehen, alles wieder auszukotzen. Ich würde gerne wieder Hockey spielen, nicht zum Abnehmen, sondern weil es mir Spaß macht. Aber dafür muss ich erstmal wieder fit werden. 44 Kilo wog ich, als ich hier ankam. Da möchte ich nie wieder hin. Da darf ich nie wieder hin! Ich will es schaffen, gesund zu werden! Ich muss es schaffen. Für mich selbst und für die gemeinsame Zukunft mit meinem Freund.

(428 Wörter)

Schluss

Die Reportage „Ein paar Kilo Mensch“ von Katrin Zeug hat mir gefallen, mich aber auch zum Nachdenken angeregt. Sie beschreibt anschaulich, wie es Betroffenen mit Magersucht bzw. Bulimie geht, klärt dabei aber auch über ihre Ursachen und die medizinische Prognose der Erkrankten auf. Es ist wichtig, aufmerksam zu sein und auf Freunde und Mitschüler zuzugehen, wenn man bemerkt, dass sie sich auffallend verändern. Reportagen wie diese machen klar, dass es hierbei nicht nur ums Abnehmen geht, sondern darum, in einer unkontrollierbaren Welt über etwas die Kontrolle haben zu können.

Musteraufsätze zu Text 2 (► Seite 89 f.) und Text 3 (► Seite 92) findest du im Lösungsteil des Onlinebereiches.

Text 2

Fast Fashion – Ein Geschäft ohne Moral und um jeden Preis? (2021)

von Aline Utter

Ein sonniger Samstagnachmittag in der Saarbrücker Innenstadt – emsig[1] umherlaufende Fashionjäger durchkämmen die City. Prall gefüllte Plastiktüten bekannter Modelabels stolzieren mit neu erlegten Schnäppchen durch die warme Sommerluft. Die neuesten Kreationen[2] namhafter Modemarken sind begehrt. Noch besser, wenn das trendige T-Shirt nur 3,99 Euro, das pinkfarbene Plisseekleid[3] nur 14,95 kostet. Ein Traum für modebewusste Schnäppchenjäger – made in Bangladesch und China.

Die Kleidung von letzter Saison ist mittlerweile abgetragen, verwaschen oder einfach out. Die Auswahl in den Geschäften ist riesig, die Preise unschlagbar klein. Gerade für junge Konsumenten ist diese Tatsache verlockend. Der Konsum so genannter *Fast Fashion* kennt oftmals keine Grenzen und die Devise lautet: *»Immer mehr, immer günstiger, immer neu.«* Im Kaufrausch hinterfragen die wenigsten, wo und unter welchen Bedingungen diese Massenware überhaupt produziert wird.

Dieses fragwürdige und vermehrt beanstandete Geschäftsmodell basiert nicht nur auf der Strategie eines sich rasch ändernden Sortiments in den Läden. Passend zu unserer schnelllebigen Gesellschaft wird *Fast Fashion* zudem bewusst in einer minderwertigen Qualität hergestellt, um dadurch die Nutzungsdauer von vorneherein zu verringern. Der modebewusste Kunde wird sozusagen darauf abgerichtet, nach kurzer Zeit wieder ins Geschäft zu gehen, um dort neue Billigware zu kaufen. Im Nu ist er in diesem Teufelskreis gefangen und der Jäger wird selbst zur Beute der *Fast Fashion-Industrie*.

In Deutschland werden im Durchschnitt 26 Kilogramm Textilien pro Kopf und Jahr gekauft, etwa die Hälfte davon ist Kleidung.[4] Die deutschen Kleiderkonsumenten tragen ihre durchschnittlich 60 neuen Errungenschaften im Jahr jedoch nur noch halb so lange wie noch vor 15 Jahren.[5] Demnach wirft jeder Deutsche im Jahr 4,7 Kilogramm Kleidung weg, oft schon kurz nach dem Kauf. Laut einer Studie der ABCD-Agentur aus Berlin verursachen die Deutschen jährlich 391.752 Tonnen Textilabfall und liegen damit nach Italien auf Platz 2 der Textilmüllproduzenten in Europa.[6] Weniger täte Mensch und Umwelt gut!

Bis ein *Fast Fashion*-Schnäppchen bei uns über den Ladentisch geht, muss es einiges über sich ergehen lassen. Denn die Produktion im Überfluss vergeudet wertvolle Ressourcen und belastet unser Ökosystem enorm. Die Herstellung eines einfachen Baumwollshirts schluckt Wassermengen im vierstelligen Bereich, mal ganz abgesehen von dem haarsträubenden Chemikalieneinsatz, dem Energieverbrauch und der CO_2-Emission. Darüber hinaus verursacht die Entsorgung beschädigter, aber oft sogar ungetragener Teile meterhohe Müllberge. Es lässt sich nicht wegreden: Die Textiltrends von heute sind der Textilmüll von morgen! Der Preis, den wir im Laden zahlen, ist zwar gering, der Preis, den unsere Umwelt und Menschen in den Brutstätten der *Fast Fashion* bezahlen, dagegen gigantisch. Wie viel Geld kommt wohl von dem hippen Schnäppchenshirt bei einer Näherin in einer Textilfabrik in Bangladesch noch an?

Außerdem lässt sich *Fast Fashion* nur schlecht für die Weiterverwertung wie zum Beispiel das kreative Upcycling[7] nutzen, weil sie für solche Zwecke nicht langlebig genug ist. Deshalb sollte bei der Auswahl der Kleider auf Qualität und eine umweltschonende Produktion geachtet werden. Das oft geäußerte Bedenken, dieses Umdenken sei zwangsläufig teuer, ist nicht gerechtfertigt. Auch große Bekleidungsketten setzen immer häufiger auf nachhaltige Produkte aus Bio-Baumwolle (*organic cotton*).

Weitere Alternativen zu der ökologischen und sozialen Plage *Fast Fashion* stellen klassische Secondhandläden dar. Hier findet ein begeisterter Modefan oftmals ausgefallene Teile, welche nicht auf jeder Stange hängen, vergessene Schätze aus vergangenen Zeiten, die neu kombiniert zu wahren Hinguckern werden. Überdies gibt es mittlerweile auch so genannte Redesigner, die für ihre Kollektionen getragene Kleidungsstücke anstelle von neuen Stoffen verwenden, ganz im Sinne des Upcyclings. Das DIY[8]-Motto *»Aus Alt mach Neu«* erfreut sich immer größerer Beliebtheit bei Jung und Alt. Wer gerne selbst näht, kann sich dafür von zahlreichen Ideen und Lernvideos im Internet inspirieren lassen.

Nicht realistisch ist ein sofortiger Wandel in der Textil- und Bekleidungsindustrie. Wünschenswert wäre aber ein allmähliches Umdenken beim Kleiderkonsum. Der Gedanke der Nachhaltigkeit sollte immer mehr unseren Alltag bestimmen und dies nicht nur der Modeindustrie. Wen also das nächste Mal im Geschäft ein T-Shirt für 3,99 Euro anlacht, der möge doch besser denken: *»Immer mehr, immer günstiger, immer neu – Nein, danke!«*

Quelle: Aline Utter: Fast Fashion – Ein Geschaft ohne Moral und um jeden Preis? In: *Sicher zum Mittleren Bildungsabschluss Deutsch Saarland*. Berkheim/Illerbachen: Krapp & Gutknecht Verlag 2021, S. 65 f.

1 **emisg** hier: eifrig, geschäftig
2 **Kreationen** Schöpfungen
3 **Plisseekleid** Kleid mit dekorativen Falten, vorwiegend im Rockteil des Kleides
4 Vgl. https://www.umweltbundesamt.de/umwelttipps-fuer-den-alltag/haushalt-wohnen/bekleidung (abgerufen am 22.09.2024)
5 Vgl. https://greenwire.greenpeace.de/system/files/2019-04/s01951_greenpeace_report_konsumkollaps_fast_fashion.pdf (abgerufen am 20.09.2024)
6 Vgl. https://www.tagesspiegel.de/wirtschaft/rekord-beim-textilmuell-jeder-deutsche-wirft-jaehrlich-4-7-kilogramm-kleidung-weg/25453254.html (abgerufen am 22.09.2024)
7 **Upcycling** Umgestaltung und Wiederverwendung alter Sachen auf kreative Weise
8 **DIY** Abkürzung für engl. *do it yourself* (mach es selbst)

➲ Aufgabe 1

Welche Merkmale treffen auf den Text zu? Kreuze an.

Merkmale	✓ richtig	✗ falsch
1. Es handelt sich um einen erzählenden Text.	○	○
2. Es handelt sich um einen berichtenden Text.	○	○
3. Der Text übt Kritik.	○	○
4. Der Text soll zum Nachdenken anregen.	○	○
5. Der Text gibt gute Ratschläge.	○	○
6. Soll in erster Linie unterhalten.	○	○

Aufgabe 2

Bestimme die Textsorte. Kreuze an.

☐ Leserbrief ☐ Bericht ☐ Glosse ☐ Reportage

Aufgabe 3

Teile den Text in Sinnabschnitte ein und gib jedem eine passende Überschrift.
Markiere dazu die Sinnabschnitte im Text und schreibe die Zwischenüberschriften an den Rand.

Tipp: *Sinnabschnitte können den Textabschnitten entsprechen – müssen aber nicht.*

Aufgabe 4

Erläutere die Kritik, die in dem folgenden Textauszug zum Ausdruck kommt:

„Der Preis, den wir im Laden zahlen, ist zwar gering, der Preis, den unsere Umwelt und Menschen in den Brutstätten der *Fast Fashion* bezahlen, dagegen gigantisch." (Z. 31–33)

Aufgabe 5

„Ein sonniger Samstagnachmittag in der Saarbrücker Innenstadt – emsig umherlaufende Fashionjäger durchkämmen die City. Prall gefüllte Plastiktüten bekannter Modelabels stolzieren mit neu erlegten Schnäppchen durch die warme Sommerluft." (Z. 1–4)

Bestimme ein Stilmittel und erläutere seine Funktion in diesem Text.

SCHREIBAUFGABE

Lesen Sie den Text *Fast Fashion – Ein Geschäft ohne Moral und um jeden Preis?* sorgfältig durch und bearbeiten Sie im Anschluss daran die folgenden Aufgaben.

1. Fassen Sie den Textinhalt zusammen. Der Aufbau muss erkennbar werden.
2. Beschreiben Sie auffällige sprachliche Mittel und deren Wirkung.
3. Bestimmen und begründen Sie die Textsorte.
4. Legen Sie dar, welche Absichten die Autorin mit diesem Text verfolgt.
5. „Wen also das nächste Mal im Geschäft ein T-Shirt für 3,99 Euro anlacht, der möge doch besser denken: *»Immer mehr, immer günstiger, immer neu – Nein, danke!«*" (Z. 50–52).
   Nehmen Sie Stellung zu dieser Aussage. Schreiben Sie etwa 250 Wörter.
6. Verfassen Sie einen Dialog zwischen zwei Jugendlichen, die sich über Vor- und Nachteile von *Fast Fashion* unterhalten. Denken Sie sich passende Namen aus.

Text 3

Politiker auf TikTok? Ein Muss! (2024)

von Anna-Katharina Meßmer

Soll ein Bundeskanzler Kurzvideos auf TikTok posten? Wen erreicht er dort? Und ist das alles nicht populistisch[1], inhaltsleer und peinlich? So viele Fragen und keine ist neu. Seit es soziale Medien gibt, führen wir diese Diskussion mit jeder erfolgreichen Social Media-Plattform aufs Neue. Erst ging es um Facebook, dann um Twitter[2], dann YouTube, schließlich Instagram und aktuell ist es TikTok. Am Ende ist die Antwort immer die gleiche: Egal wie groß die Bedenken sind – nicht dabei sein geht auch nicht.

Für mehr als ein Drittel der 18- bis 24-Jährigen sind soziale Medien die Hauptinformationsquelle – selbst digitale Nachrichtenangebote sind weniger wichtig als Social Media. Das hat sicherlich auch mit einem Vertrauensverlust in die klassischen Medien zu tun. Denn quer durch sämtliche Untersuchungen sehen wir in dieser Altersgruppe einen besorgniserregenden Trend: Ein wachsender Teil der jungen Erwachsenen fühlt sich von Politik und Medien vernachlässigt und nicht repräsentiert.

Wer dann lautstark darüber herzieht, dass die Jugend auf TikTok verdummt, missversteht junge Menschen und ist vielleicht Teil des Problems. Denn TikTok-Nutzer und -Nutzerinnen sehen das Medium durchaus kritisch, sie wissen um Gefahren und Risiken. Aber: Sie nutzen die Plattform trotzdem – vor allem zur Unterhaltung.

Wer das längst verstanden hat, sind rechte Populisten. Die fluten nach Twitter und Co seit längerem auch TikTok mit ihrem Content. Die Strategie: Quantität vor Qualität. Als dann aber kurz vor der Europawahl die repräsentative Studie „Jugend in Deutschland 2024" den Unter-30-Jährigen einen Rechtsruck bescheinigte, hat der Run der etablierten Parteien auf TikTok begonnen.

Nicht alle beweisen dabei ein glückliches Händchen. So leckte etwa ein CDU-Abgeordneter im Wolfskostüm vor Freude über das Landesjagdgesetz seine als Rotkäppchen verkleidete Kollegin ab. „Cringe", sprich peinlich, lautete das Urteil auf TikTok. Und auch Olaf Scholz' reichlich steif vorgetragenen Einblicke in seine Aktentasche sorgten eher für Belustigung. Unterhaltsam ist das allemal. Ob es politisch sinnvoll ist, lässt sich diskutieren. Die Herausforderung sozialer Medien liegt stets darin, dass jede Plattform eigenen Trends und Memes folgt. Sich auf das Format einzulassen, ohne sich anzubiedern, ist ein schmaler Grat. So ist zum Beispiel ein beliebtes Format auf TikTok „Get ready with me". Ein Format, das mit Olaf Scholz zunächst nicht unbedingt denkbar wäre. Schließlich möchte man einen Bundeskanzler weder bei seiner Skin Care-Routine noch bei der Outfit-Wahl begleiten. Dennoch könnten Politiker und Politikerinnen sich das Prinzip abschauen, um einen Einblick hinter die Kulissen zu geben und Politik erfahrbar zu machen, in Austausch mit den Nutzern zu treten, Themen aufzugreifen, die auf TikTok stattfinden.

Denn klar, man kann sich über die vielen Fragen nach einer Dönerpreisbremse in den Kommentarspalten lustig machen. Oder verstehen, dass junge Menschen an Dönerpreisen die Inflation[3] merken und die damit einhergehenden Sorgen ernst nehmen. Junge Erwachsene brauchen Perspektiven und Angebote, vollkommen unabhängig davon, welche Plattform gerade in ist.

Quelle: Anna-Katharina Meßmer: *Politiker auf TikTok? Ein Muss!* Zugriff unter https://www.deutschlandfunkkultur.de/kommentar-politiker-tiktok-social-media-100.html (abgerufen am 26.08.2024). Gekürzt.

1 **populistisch** ohne eigene Überzeugung die Mehrheit der „einfachen" Bevölkerung ansprechend („Wir gegen die"-Mentalität)
2 **Twitter** neuer Name: X
3 **Inflation** Preissteigerung bei gleichzeitiger Wertabnahme des Geldes

Aufgabe 1

Bestimme die Textsorte. Kreuze an.

☐ Kommentar ☐ Bericht ☐ Glosse ☐ Reportage

Aufgabe 2

Teile den Text auf in Sinnabschnitte ein und gib jedem eine passende Überschrift.
Markiere dazu die Sinnabschnitte und schreibe die Zwischenüberschriften an den Rand.

Tipp: *Sinnabschnitte können den Textabschnitten entsprechen – müssen aber nicht.*

Aufgabe 3

a) Fasse in eigenen Worten die Kernaussage des Textes zusammen.

b) Stimmst du der Autorin zu oder nicht? Begründe deinen Standpunkt.

SCHREIBAUFGABE

Lesen Sie den Text *Politiker auf TikTok? Ein Muss!* sorgfältig durch und bearbeiten Sie im Anschluss daran die folgenden Aufgaben.

1. Fassen Sie den Textinhalt zusammen. Der Aufbau muss erkennbar werden.
2. Beschreiben Sie sprachliche Auffälligkeiten und deren Wirkung.
3. Bestimmen und begründen Sie die Textsorte.
4. Erläutern Sie mögliche Reaktionen der Leserschaft.
5. „Dennoch könnten Politiker und Politikerinnen sich das Prinzip abschauen, um einen Einblick hinter die Kulissen zu geben und Politik erfahrbar zu machen, in Austausch mit den Nutzern zu treten, Themen aufzugreifen, die auf TikTok stattfinden." (Z. 32–34).

   Wählen Sie eine der beiden Aufgabenstellungen:
   a) Beziehen Sie Stellung zu dieser Aussage.
   b) Verfassen Sie einen Appell an die Bürgermeisterin/den Bürgermeister Ihrer Stadt, in dem Sie dazu auffordern, diese Idee aus dem Text umzusetzen.

   Schreiben Sie etwa 250 Wörter.
6. Verfassen Sie einen Dialog, in dem Sie einen Politiker nach dessen Beweggründen für die Nutzung von TikTok befragen. Tauschen Sie sich anschließend in diesem Gespräch über einen gelungenen Social Media-Auftritt aus.

Checkliste zur Erschließung eines pragmatischen Textes

Die Checkliste soll dich beim Schreiben eines Aufsatzes unterstützen. Sie enthält den Inhalt aller Aufgabenstellungen zu diesem Thema noch einmal kurz zusammengefasst.
Du musst in der Prüfung natürlich nur diejenigen bearbeiten, die von dir gefordert werden.

Einleitung

- [ ] Textsorte
- [ ] Titel des Textes
- [ ] Autorin/Autor
- [ ] Erscheinungsort
- [ ] Erscheinungsjahr
- [ ] Kernsatz

Textsortennachweis mit Textbelegen

- [ ] Aufführen der Textsortenmerkmale
- [ ] direktes oder indirektes Zitieren aus dem Text

Strukturierte Inhaltszusammenfassung

- [ ] Wer?
- [ ] Wo?
- [ ] Wann?
- [ ] Wie?
- [ ] Warum?
- [ ] sachlich und neutral
- [ ] Präsens bzw. Perfekt
- [ ] eigene Worte/keine Zitate/kein Abschreiben
- [ ] indirekte Rede bzw. keine wörtliche Rede
- [ ] Einteilung des Textes in Sinnabschnitte mit Zeilenangaben
- [ ] Aussage der Abschnitte
- [ ] Überleitungen

Teste dein Wissen zum Erschließen pragmatischer Texte mit interaktiven Aufgaben im Onlinekurs!

Titelanalyse

- [ ] Assoziationen vor dem Lesen
- [ ] Bestätigung oder Nicht-Bestätigung der Assoziationen beim Lesen
- [ ] Besonderheiten im Titel
- [ ] Beziehung Titel und Text

Sprachliche Analyse

- [ ] Satzbau mit Einhaltung des Dreischritts mit Textbelegen
- [ ] Wortwahl mit Einhaltung des Dreischritts mit Textbelegen
- [ ] Stilmittel mit Einhaltung des Dreischritts mit Textbelegen

Verfasserabsicht

- [ ] Darstellung, Ausdruck und/oder (indirekter) Appell
- [ ] Begründung der Textintention mit Textbelegen

Mögliche Reaktionen der Leserschaft

- [ ] ca. drei mögliche Reaktionen mit Textbelegen

Stellungnahme

- [ ] Wiedergabe der Aufgabenstellung in eigenen Worten
- [ ] eindeutige Positionierung – klar erkennbar
- [ ] Aufbau der Argumente vom schwächsten zum stärksten

Kreative Schreibaufgabe

- [ ] formale, sprachliche und inhaltliche Merkmale der geforderten kreativen Schreibform
- [ ] sinnvolles Anknüpfen an den Ausgangstext
- [ ] korrekte Perspektive

Schluss

- [ ] persönliche Einschätzung des Textes
- [ ] Bedeutung des Themas für das eigene Leben
- [ ] Bedeutung des Themas für die Gesellschaft

ERSCHLIEẞEN EINES LITERARISCHEN TEXTES

Bei diesem Thema wird dir ein literarischer Text vorgegeben, der in einem Aufsatz bearbeitet werden muss. Die Aufgabenstellungen zu einem kurzen Text wie einer Kurzgeschichte und einem längeren wie einem Romanauszug sind identisch, sodass mit den folgenden Abschnitten zur Kurzgeschichte stets alle anderen Textsorten mitgemeint sind.

1. Einleitung ▶ **Seite 52**
2. Inhaltszusammenfassung ▶ **Seite 99–101**
3. Sprachanalyse ▶ **Seite 53–58**
4. Weitere Besonderheit (z. B. Verfasserabsicht ▶ **Seite 59 f.**, mögliche Reaktionen der Leserschaft ▶ **Seite 62**, Textsortennachweis ▶ **Seite 102**, Erzählperspektive ▶ **Seite 106–108**, Figurencharakterisierung und -konstellation ▶ **Seite 109–112**, Bezug zur Biografie und der Entstehungszeit ▶ **Seite 112**)
5. Begründete Stellungnahme (ca. 250 Wörter/eine DIN-A4-Seite) ▶ **Seite 63**
6. Offener Schreibauftrag (ohne vorgegebene Wortanzahl) ▶ **Seite 64–72**
7. Schluss ▶ **Seite 73–75**

Die meisten Teile des textgebundenen Aufsatzes hast du bereits bei den themenübergreifenden Aufgabenstellungen kennengelernt, sodass hier nur auf die Besonderheiten bei der Auseinandersetzung mit literarischen Texten eingegangen wird.

Eine **Gliederung** kann zwar erstellt werden, ist aber anders als beim materialgestützten Argumentieren **weder gefordert, noch wird sie bewertet**. Nichtsdestotrotz kann sie dir eine **Hilfestellung und Gedankenstütze** sein.

*Tipp 1: Die Aufgabenstellungen findest du in einer Checkliste (▶ **Seite 123–125**) zusammengefasst.*

*Tipp 2: Ein vollständiger Musteraufsatz ist auf den ▶ **Seiten 113–119** abgedruckt.*

2016[1] → Romanauszug

2017 → Romanauszug

2018 → Romanauszug

2019 → Kurzgeschichte/Romanauszug

2020 → Romanauszug

2021 → Kurzgeschichte/Erzählung

2022 → Romanauszug

2023 → Romanauszug

2024 → Romanauszug

1 In den Prüfungen 2016 bis 2022 standen zum Teil mehrere Themen zur Auswahl, da die Lehrkraft für ihre Klasse auswählen musste.

Betrachtet man die Themen der letzten Jahre zeigt sich, dass der Romanauszug am häufigsten geprüft wurde, gefolgt von der Kurzgeschichte. Aus diesem Grund werden in diesem Kapitel eben diese Textsorten thematisiert. Dennoch ist es theoretisch möglich, dass du andere literarische Texte bearbeiten musst.
Eine Auswahl findest du hier.

Eine Auswahl literarischer Textsorten und ihre Merkmale

Die **Erzählung** ist ein eher allgemein verwendeter Sammelbegriff für einen epischen (erzählenden) Text, der im Vergleich zu Romanen kürzer und weniger komplex (vielschichtig) ist. Sie besitzt nur einen Handlungsstrang, der chronologisch (zeitlich geordnet) erzählt wird. Da eine Erzählung kaum spezifische (eigene) Textsortenmerkmale hat, kannst du in der Prüfung so vorgehen: Du prüfst zunächst, ob ein Romanauszug oder eine Kurzgeschichte vorliegt. Wenn keine der beiden Textsorten vorliegt und der Text eine einfache Geschichte erzählt, ist es vermutlich eine Erzählung, da die anderen Textsorten auf dieser Seite eher unwahrscheinlich als Prüfungsthema sind.

Eine **Novelle** ist ein epischer Text mittlerer Länge, der vom Umfang her zwischen der Erzählung und dem Roman angesiedelt ist. Im Zentrum einer Novelle (ital. *novella* für Neuigkeit) steht nach Goethe eine „unerhörte Begebenheit", womit ein neues – unter Umständen auch ein noch nie dagewesenes – außergewöhnliches Ereignis mit einem zentralen Konflikt gemeint ist. Es gibt eine straff geführte Handlung zum Höhepunkt (Exposition), der zugleich Wendepunkt im Leben der Hauptfigur ist. Dem schließt sich die Lösung des Konflikts an. Die Figuren werden nicht vollständig charakterisiert, vielmehr stehen einzelne Charaktereigenschaften im Mittelpunkt, die ihr Schicksal beeinflussen.

Ein **satirischer Text** ist eine literarische Form, die soziale (gesellschaftliche) Missstände, menschliche Schwächen oder politische Ereignisse humorvoll und oft übertrieben darstellt. Durch Ironie, Spott und Übertreibung zielt die Satire darauf ab, zum Nachdenken anzuregen und Kritik zu üben. Satirische Texte nutzen häufig Wortspiele und scharfsinnige Beobachtungen, um auf unterhaltsame Weise ernste Themen zu beleuchten und das Publikum zum Lachen sowie zum Reflektieren (Nachdenken) zu bringen.

***Hinweis:** Interessanterweise nennt das Kultusministerium den satirischen Text bei den literarischen Textsorten. Stelle dir einen solchen Text vereinfacht gesagt als Glosse vor, die eine Geschichte erzählt.*

Eine **Parabel** ist eine kurze, gleichnishafte Erzählung, in der das Gesagte/Geschriebene nicht wörtlich, sondern im übertragenen Sinne zu verstehen ist. Das heißt, dass die Leserin oder der Leser erkennen muss, was mit dem Erzählten (Bildebene) tatsächlich gemeint ist (Sachebene), ähnlich wie bei einer Fabel. Im Vergleich zur Fabel ist die Parabel ebenfalls lehrhaft, beschränkt sich allerdings nicht nur auf Tiere als handelnde Figuren und ist oft schwerer zu deuten als Fabeln. Ein bekanntes Beispiel, die *Ringparabel*, aus dem Drama *Nathan der Weise* hast du womöglich im Unterricht bereits kennengelernt.

Eine **Sage** ist eine ursprünglich mündlich überlieferte Erzählung, die historische Ereignisse oder Personen mit fantastischen Elementen verbindet. Im Gegensatz zum Märchen enthält sie oft einen wahren Kern, der durch übernatürliche Ereignisse und/oder Figuren ausgeschmückt wird. Sagen sind häufig an bestimmte Orte oder Regionen gebunden und vermitteln moralische oder belehrende Botschaften, die die Weltanschauungen und Wertvorstellungen einer Kultur zu einer bestimmten Zeit widerspiegeln, z. B. Helden-, Götter- oder Heimatsagen.

Kurzgeschichte

Der Schritt zurück (1977)

von Annette Rauert

Er stand ganz am Rand. Unter ihm die gleißende Wasseroberfläche. Wie geschmolzenes Blei sah es aus. In seinen Schläfen hämmerte es. Er hatte Angst, nackte Angst. Hinter sich hörte er die Stimme seines Trainers: »Spring!« Das Pochen nahm zu, gleich musste es seinen Kopf sprengen. Zwischen ihm und der Wassermasse gab es nur dieses kleine schwankende Brett, zehn Meter hoch.

Leute starrten nach oben. Sie warteten. Ihre Gesichter waren feindlich. Trotzdem fühlte er sich ihnen verpflichtet. Er musste springen, damit sie ihre Sensation bekamen. Er fühlte, dass er es nicht schaffen würde. Er war noch nicht soweit. Aber er musste beweisen, dass er ein Mann war. Lieber tot sein, als sich vor diesen Gesichtern blamieren. Nur noch ein paar Sekunden atmen, dachte er, mehr verlange ich gar nicht. Er blickte nach unten. Warum lächelte niemand? Lauter gespannte weiße Ovale mit harten Augen. Sie wissen, dass ich es nicht kann. Es wurde ihm schlagartig klar. Sie wissen, dass etwas passieren wird. Warum rief ihn niemand zurück?

Plötzlich tauchte ein neuer Gedanke in seinem Gehirn auf. Hatten so die Leute ausgesehen, die einer Hinrichtung beiwohnten? Waren ihre Augen so hart, so unbeteiligt gewesen? Ich bin doch einer von ihnen, wieso rufen sie mich nicht zurück? Sie wollen, dass ich mich selbst vernichte für sie. Sie verlangen, dass ich meine Angst bestrafe. Aber was werden sie nachher tun? Wenn es passiert ist, will niemand etwas dafür können.

In ihm kam das Bedürfnis auf zu schreien, die Menschen da unten aus ihrer Starre zu schreien. Sie sollten nicht das Recht haben, schuldlos an seinem Unglück zu sein. Wenn sie geschrien hätten, die Opfer der Millionen Hinrichtungen, sie hätten ihnen dieses Recht genommen. Die Übelkeit in seinem Magen verstärkte sich, nicht mehr aus Angst, sondern aus Ekel vor der Feigheit der Masse da unten. Er hätte ausspucken mögen. Stumm, wie eine Herde blöder Schafe standen sie da unten und warteten.

Aber wenn er jetzt sprang und sich für ihre Gier opferte, war er dann nicht auch so feig wie sie? Ein Schritt nur, ein Schritt. Er war so einsam. Hätte ihn jetzt jemand gerufen, wäre noch alles gut gegangen, aber sie schwiegen. Seine Verachtung stieg ins Unermessliche.

Er forschte in seinem Gewissen. Wenn er sprang, war irgendetwas damit erreicht? Tat er damit etwas Falsches? Etwas Richtiges? Er wusste, was er tun sollte, warum sträubte er sich dagegen? Aber war das Springen heldenhaft, hatte es einen Sinn? Ein Schritt nur! Sein Fuß schob sich langsam vor. Dann ging ein Ruck durch seine Gestalt. Er richtete sich auf und drehte sich um. Ganz bewusst. Seine Unsicherheit war von ihm gewichen, der Druck, der auf ihm lastete, verschwand. Langsam kletterte er die Leiter hinab und schritt durch die starre Gruppe.

Zum ersten Mal in seinem Leben trug er den Kopf hoch. Er begegnete den Blicken der anderen mit kühler Gelassenheit. Keiner sprach ein Wort oder lachte gar. Er fühlte sich so stark, als hätte er gerade die wichtigste Prüfung in seinem Leben bestanden. Er spürte so etwas wie Achtung vor sich selbst. Eines Tages würde er auch springen, das wusste er plötzlich.

Orthografie und Interpunktion wurden den aktuell gültigen Regeln angepasst.

Quelle: Lore Graf, Martin Lienhard, Reinhard Pertsch (Hrsg.). *Geschichten zum Nachdenken. Ein Lesebuch für Schule, Gruppe und Familie.* München/Mainz: Kaiser/Grünewald 1977, S. 50 f.

Inhaltszusammenfassung

Nach der Einleitung folgt die Inhaltszusammenfassung des zu untersuchenden Textes.

Aufgabe 1

Füllt den Lückentext zu zweit mit Hilfe des Wortspeichers aus.

Wortspeicher

sachlich | Präsens | Satzverknüpfungen | W-Fragen | indirekte Rede | Inhalt | Sinnabschnitte | wichtigsten Handlungsschritte | knapper Form | Perfekt | eigenen Worten

In einer Inhaltszusammenfassung gibt man den ______________ eines Textes in möglichst ______________ und in ______________ wieder.

Dabei werden sofern möglich die ______________: Wer?, Wo?, Wann?, Was?, Wie? und Warum? beantwortet. Ziel ist, dass jemand den Text versteht, obwohl er ihn nicht kennt.

Eine Inhaltszusammenfassung hat folgende Kennzeichen:

- Es werden nur die ______________ wiedergegeben. Details werden weggelassen.
- Alle Handlungsschritte werden logisch mit Hilfe von ______________ wie Subjunktionen (z. B. als, wenn, weil, damit) und Pronomen (z. B. der, die, das, welches, sein) verdeutlicht.
- Die Zeitform ist ______________ bzw. ______________, wenn du etwas aus der Erzählung zusammenfasst, das in der Vergangenheit geschehen ist.
- Wörtliche Rede wird durch ______________ ersetzt oder umschrieben.
- Der Sprachstil ist ______________, d. h. ohne Kommentare und Ausschmückungen. Es wird keine Spannung aufgebaut.
- Eine Unterteilung in ______________ ist nicht notwendig und bei literarischen Texten auch oftmals nicht sinnvoll.

➲ Aufgabe 2

a) Fülle die Tabelle zu den zu beantwortenden W-Fragen stichpunktartig aus.

b) Ergänze deine Antworten um die entsprechenden Zeilenangaben aus dem Text.

In der Inhaltszusammenfassung sind Zeilenangaben nicht notwendig. Sie sollen dir hier dabei helfen, den Text besser zu verstehen.

W-Fragen	Antworten
Wer sind die wichtigsten Figuren?	
Wo spielt die Geschichte?	
Wann spielt die Geschichte?	
Was passiert der Hauptfigur nacheinander? **Was geschieht allgemein?**	
Wie verhalten sich die Figuren (zueinander)? **Wie sind ihre Gefühle?** **Wie ist ihr Aussehen?** **Wie handeln sie?**	
Warum geschehen die Ereignisse so, wie sie es tun?	

➲ Aufgabe 3

Die W-Fragen „**Wer sind die wichtigsten Figuren?**“ und „**Wie verhalten sich diese?**“ lassen sich zusätzlich grafisch darstellen, um auf einen Blick zu sehen, in welchem Verhältnis die Figuren zueinander stehen. Das ist eine gute Vorarbeit für die mögliche Aufgabenstellung der Figurenkonstellation (▶ **Seite 111 f.**). Zeichne mit Lineal Pfeile zwischen den Illustrationen der in der Kurzgeschichte vorkommenden Figuren ein. Nutze zusätzlich Symbole oder kurze Formulierungen, um ihre Beziehung untereinander auszudrücken.

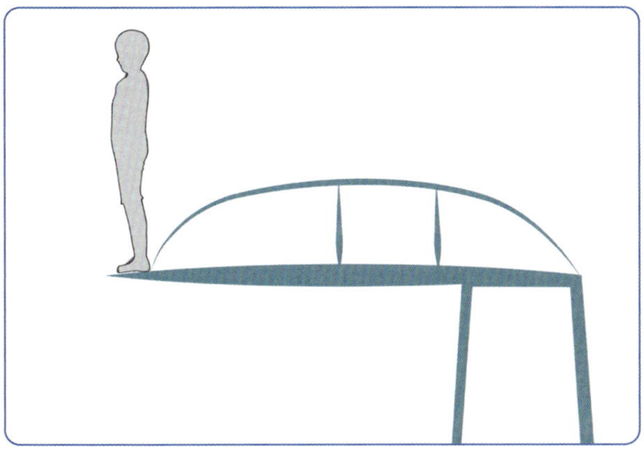

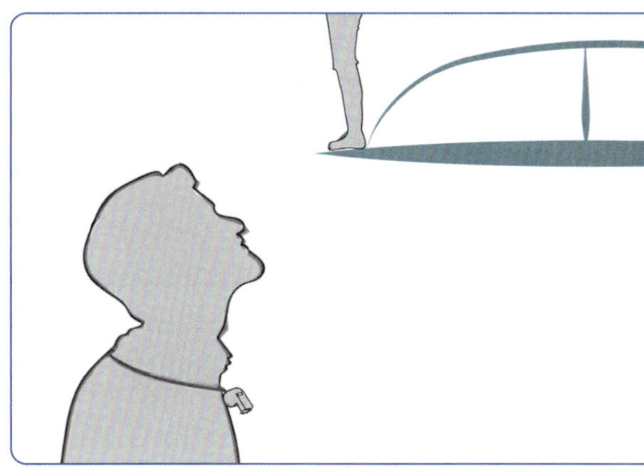

➲ Aufgabe 4

Formuliere anhand deiner Ergebnisse der **Aufgaben 1 bis 3** eine vollständige Inhaltszusammenfassung in deinem Heft.

Textsortennachweis

In einem Textsortennachweis geht es darum, die Merkmale einer Textsorte zu nennen und diese am Text mit Zeilenangaben zu belegen.

Aufgabe 1

a) Lies die Kurzgeschichte (▶ **Seite 98**) noch einmal überblicksartig durch.
b) Kreuze an, welche Aussagen auf *Der Schritt zurück* zutreffen.

Checkliste für den Textsortennachweis

- ☐ Eine Kurzgeschichte ist – wie der Name sagt – vergleichsweise **kurz**.
- ☐ Eine Kurzgeschichte ist relativ **lang**.
- ☐ Eine Kurzgeschichte hat eine **ausführliche Einleitung**, die in die Handlung einführt.
- ☐ Eine Kurzgeschichte beginnt **ohne Einleitung** direkt mit dem Hauptteil.
- ☐ **Konkrete Orts- und Zeitangaben werden gemacht**, damit sich die Lesenden in die Geschichte hineinversetzen können.
- ☐ **Konkrete Orts- und Zeitangaben werden meist vermieden**, da eine Kurzgeschichte allgemeingültig sein soll, d. h. ihre Aussage soll nicht nur für bestimmte Situationen und Zeiten gelten.
- ☐ Die **Handlung** ist **sehr komplex** und **detailliert**.
- ☐ Die **Handlung** wird recht **knapp** dargestellt.
- ☐ Thema ist in der Regel **ein einziges entscheidendes Ereignis** im Leben einer Figur – genauer der Hauptfigur (Protagonistin /Protagonist).
- ☐ Es werden **mehrere Probleme** der Hauptfigur aufgegriffen und thematisiert.
- ☐ Kurzgeschichten haben ein **abgeschlossenes, rundes** Ende.
- ☐ Kurzgeschichten haben ein **eher offenes** Ende.

Es gilt nun, diese Merkmale in einen Text zu verpacken. Das Prinzip ist stets dasselbe: Du nennst ein Merkmal, weist es am Text nach (Zitieren ▶ **Seite 8**), nennst ein zweites Merkmal, weist dieses am Text nach usw.

Nutze Formulierungen wie:

→ *Das erkennt die Leserin/der Leser daran, dass ...*
→ *Typisch für eine Kurzgeschichte ist ...*
→ *Ein weiteres Merkmal für die Textsorte Kurzgeschichte ist ...*
→ *Darüber hinaus ist/hat/besitzt eine Kurzgeschichte ...*

Aufgabe 2

Formuliere zur Kurzgeschichte *Der Schritt zurück* einen vollständigen Textsortennachweis mit allen Merkmalen in deinem Heft.

Erzählzeit und erzählte Zeit

Ein kurzer möglicher Bestandteil ist die Analyse der Erzählzeit und erzählten Zeit: Dauern die Ereignisse in der Erzählung oder dauert das Vorlesen der Geschichte länger?

Erzählzeit: Die Zeit, die zum **Vorlesen einer Erzählung benötigt wird**.
erzählte Zeit: Die Zeit, die in der **Handlung einer Erzählung vergeht**.

➲ Aufgabe 1

a) Bildet Teams. Einer von euch liest die Kurzgeschichte *Der Schritt zurück* (▶ **Seite 98**) vor. Jemand anderes stoppt die Vorlesezeit (= Erzählzeit) mit der Uhr oder dem Smartphone.

b) Schreibt die Erzählzeit in die entsprechende Lücke.

c) Überlegt im Team, wie lange die Handlung der Geschichte in Wirklichkeit dauern würde (= erzählte Zeit).

d) Schreibt auch die Dauer der erzählten Zeit in die entsprechende Lücke.

Erzählzeit der Kurzgeschichte: ca. ________ Minuten.

erzählte Zeit der Kurzgeschichte: ca. ________ Minuten.

Vergleicht man beide Zeiten miteinander, so stellt man fest, dass Erzählzeit und erzählte Zeit in der Kurzgeschichte *Der Schritt zurück* mehr oder weniger ________ sind. Man spricht in diesem Fall von **Zeitdeckung**.

Daneben gibt es noch die **Zeitraffung**. Hier ist die **Erzählzeit (wesentlich) geringer als die erzählte Zeit**. In anderen Worten: Die Zeit, die zum Vorlesen der Geschichte gebraucht wird, ist um einiges kürzer als die Zeit, die die Handlung eigentlich dauern würde. **Dies ist bei den meisten Erzählungen der Fall.**

Beispiel: Eine Figur steigt in ein Flugzeug, um über den Atlantik nach New York zu fliegen. Ein Flug, der eigentlich zehn Stunden dauern würde (= erzählte Zeit). In der Geschichte steht aber nur: „Nach zehn Stunden erreichte sie New York". Die Erzählzeit, die Zeit zum Vorlesen, beträgt ca. drei Sekunden.

Das Gegenstück ist die **Zeitdehnung**. **Die Erzählzeit ist hier (um einiges) länger als die erzählte Zeit.** Das bedeutet: Die Zeit, die zum Vorlesen benötigt wird, ist (viel) länger als das Ereignis, von dem erzählt wird.

Beispiel: In einer Geschichte öffnet eine Figur eine Tür, was in ca. drei Sekunden getan ist (= erzählte Zeit), aber der Text beschreibt diesen Vorgang sehr ausführlich, langatmig und ermüdend (Handbewegung, Knarzen der Tür, ihre Farbe und ihr Aussehen) auf einer Seite.

Verhältnis zwischen Erzählzeit und erzählter Zeit

➲ Aufgabe 2

a) Lies die Beispielsätze.
b) Schreibe auf die entsprechenden Zeilen, ob bei ihnen Zeitdeckung, Zeitraffung oder Zeitdehnung vorliegt.

Tipp: *Lies die Sätze in Gedanken so, als ob du sie jemandem vorlesen würdest. Anschließend musst du dir überlegen, wie lange das beschriebene Ereignis in etwa dauern würde.*

1. Philipp stürzte eine zehn Meter hohe Treppe hinab.

____

2. In einer ohrenbetäubenden Lautstärke niest Max, sodass alle einen Schreck bekommen. Während dieses Vorgangs legt er seinen Kopf leicht in den Nacken und bewegt ihn anschließend schnell nach vorne, um die Fremdkörper in seiner Nase nach außen zu befördern.

____

3. Wie immer mit einem Lächeln auf den Lippen schreibt Melina einen Satz mit nur wenigen Wörtern in ihr Heft. Worum es in diesem Satz geht, weiß nur sie selbst. Ihr Nachbar versucht, einen Blick auf das Heft zu erhaschen, doch ihr Arm ist so angewinkelt, dass ihm der Blick verwehrt bleibt.

____

4. Viky öffnet eine Tür.

____

➲ Aufgabe 3

Schreibe in dein Heft eine Analyse zum Verhältnis von Erzählzeit und erzählter Zeit der Kurzgeschichte *Der Schritt zurück*.

Die folgenden Sätze helfen dir dabei:

- → *In der Kurzgeschichte dominiert ...*
- → *Das ist daran zu erkennen, dass ...*
- → *Betrachtet man das Verhältnis von Erzählzeit und erzählter Zeit ist auffällig, dass ...*
- → *a dauert in etwa x Minuten, b in etwa y Minuten und c z Minuten.*
- → *Zusammenfassend lässt sich sagen ...*

Innere und äußere Handlung

Ebenfalls kann die Analyse der inneren und äußeren Handlung eine Aufgabenstellung sein. Du untersuchst, ob das **Unsichtbare** (Gedanken, Gefühle) oder das **Sicht- und Beobachtbare** (Verhalten, Mimik, Gestik) **überwiegt**. Fülle folgende Tabelle mit Informationen, auch Zitaten, aus dem Text aus.

➲ Aufgabe 1

Analyse der inneren und äußeren Handlung	
Was sind Elemente der *äußeren* Handlung? Belege deine Antwort mit Zeilenangaben.	
Was sind Elemente der *inneren* Handlung? Belege deine Antwort ebenfalls mit Zeilenangaben.	
Dominiert im Text die innere oder äußere Handlung? Oder nehmen sie in etwa gleich viel Raum ein?	

➲ Aufgabe 2

Formuliere anhand der Ergebnisse in der Tabelle eine Analyse der inneren und äußeren Handlung zur Kurzgeschichte *Der Schritt zurück*.

Die folgenden Satzbausteine unterstützen dich dabei:

- → *Betrachtet man das Verhältnis von innerer und äußerer Handlung fällt auf/ist auffällig, dass ...*
- → *Elemente der inneren Handlung sind beispielsweise: [Zitate mit Zeilenangaben]*
- → *Die innere/äußere Handlung dominiert im Text eindeutig, da ...*
- → *Es finden sich kaum Elemente der inneren/äußeren Handlung im Text. Lediglich ...*

Erzählperspektive

Bei dieser Aufgabenstellung untersuchst du, aus welcher Sicht die Erzählung wiedergegeben wird und weist dies mit Zitaten nach. Man unterscheidet insgesamt vier Erzählperspektiven.

Erzählperspektiven

1. Es gibt zunächst den **auktorialen/allwissenden Erzähler**. Er **weiß alles über alle Figuren**: Gefühle, Absichten, Vergangenheit, Zukunft usw. Der Sinn dieser Erzählperspektive ist, dass ein vollständiges Bild der Situation, der Figuren und der Handlung erzeugt wird.

2. Die Erzählperspektive, die in Erzählungen am häufigsten vorkommt, ist der **personale Erzähler**, der **alles über eine Figur weiß**, von den anderen aber nur, was man von außen sehen und beobachten kann (z. B. Verhalten). Hier wird noch einmal zwischen dem **personalen Er-Erzähler** und dem **personalen Sie-Erzähler** unterschieden – je nachdem, ob die Figur, über die der Erzähler alles weiß, männlich oder weiblich ist – zu erkennen an den Personalpronomen „er" oder „sie".

   Ziel und auch Wirkung dieser Erzählperspektive ist, dass das Hineinversetzen in eine einzelne Figur, ein Mitfühlen und direktes Miterleben ermöglicht werden.

3. Die dritte Erzählperspektive ist der **neutrale Erzähler**, der **das gesamte Geschehen von außen beschreibt**. Beschreibungen des Innenlebens einer Figur sind nicht möglich. Stelle dir die Perspektive am besten wie eine **Kamera** vor, die alles filmt, aber nicht in die Menschen vor der Kamera schauen kann.

   Diese Erzählperspektive ermöglicht und verlangt es, dass Bewertungen, Gefühle und Gedanken der Figuren beim Lesen selbst vorgenommen werden können und müssen.

4. Eine Sonderstellung nimmt der **Ich-Erzähler** ein, der **selbst Teil der Handlung** ist. Bei den drei anderen Erzählperspektiven wird stets von außen beschrieben – mal weiß der Erzähler und somit die Lesenden mehr über das Innenleben der anderen Figuren (auktorial), nichts (neutral) oder kaum etwas (personal).

   Der Ich-Erzähler ist Teil der Handlung und erzählt aus seiner Sicht.
   - **auktorialer Ich-Erzähler:** Hier blickt das Ich in die eigene Vergangenheit und erzählt von Erlebnissen aus dieser.
   - **personaler Ich-Erzähler:** Hier erzählt das Ich gerade jetzt aus einer Situation heraus, also das, was gerade erlebt wird.

   Diese Erzählperspektive ermöglicht ein intensives Mitfühlen und Erleben aus der Sicht einer einzigen Figur, was die Identifikation mit ihr steigert und Empathie (Einfühlen) ermöglicht.

Zwei häufige Fehler bei der Analyse der Erzählperspektive:

1. **Der Erzähler ist nicht die Autorin/der Autor.** Strenggenommen erzählt also niemals die Verfasserin/der Verfasser eine Geschichte, sondern ausschließlich der Erzähler. Die Autorin/der Autor setzt den Erzähler bildlich gesprochen zwischen sich und die Leser.
2. Die Erzählperspektive wechselt in der Regel nicht. Es gibt zwar Erzählungen, bei denen das der Fall ist. Dies führt allerdings zu Verwirrungen bei den Lesenden, da sie immer die Perspektive wechseln müssen.
   Du bekommst in der Prüfung mit sehr hoher Wahrscheinlichkeit einen Text, bei dem die Erzählperspektive während des gesamten Textes gleich bleibt.

Aufgabe 1

a) Lies die Textauszüge aus Werken bekannter deutschsprachiger Autoren.

b) Bestimme jeweils die Erzählperspektive.

„Jemand mußte Josef K. verleumdet haben, denn ohne daß er etwas Böses getan hätte, wurde er eines Morgens verhaftet. Die Köchin der Frau Grubach, seiner Zimmervermieterin, die ihm jeden Tag gegen acht Uhr früh das Frühstück brachte, kam diesmal nicht."

Franz Kafka, *Der Prozess*

Erzählperspektive:

▶ ______________________________

„Diese Reise war aber von allen erfolglosen Schritten, die er in seiner Sache getan hatte, der allerunglücklichste. Denn schon nach wenig Tagen zog Sternbald in den Hof wieder ein, Schritt vor Schritt den Wagen führend, in welchem die Frau, mit einer gefährlichen Quetschung der Brust, ausgestreckt darniederlag."

Heinrich von Kleist, *Michael Kohlhaas*

Erzählperspektive:

▶ ______________________________

„Ich bin zurückgekehrt, ich habe den Flur durchschritten und blicke mich um. Es ist meines Vaters alter Hof. Die Pfütze in der Mitte. Altes, unbrauchbares Gerät, ineinander verfahren, verstellt den Weg zur Bodentreppe. Die Katze lauert auf dem Geländer. Ein zerrissenes Tuch, einmal im Spiel um eine Stange gewunden, hebt sich im Wind. Ich bin angekommen."

Franz Kafka, *Heimkehr*

Erzählperspektive:

▶ ______________________________

„Das Wetter dauerte jetzt in den dritten Tag und ich hatte mich schon über Gebühr von einem mir besonders lieben Verwandten auf seinem Hofe halten lassen, den er in einer der nördlicheren Harden [Bezirke] besaß."

Theodor Storm, *Der Schimmelreiter*

Erzählperspektive:

▶ ______________________________

„»Man soll sein Schicksal nicht versuchen; Hochmut kommt vor dem Fall.«

»Immer Gouvernante; du bist doch die geborene alte Jungfer.«

»Und hoffe mich doch noch zu verheiraten. Und vielleicht eher als du.«

»Meinetwegen. Denkst du, dass ich darauf warte? Das fehlte noch. Übrigens, ich kriege schon einen und vielleicht bald. Da ist mir nicht bange.«"

Theodor Fontane, *Effi Briest*

Erzählperspektive:

▶ ______________________________

Aufgabe 2

a) Lies die Kurzgeschichte *Der Schritt zurück* (▶ **Seite 98**) noch einmal.

b) Kreuze anschließend die Merkmale an, die auf die Erzählperspektive in dieser Kurzgeschichte zutreffen.

	Merkmale der Erzählperspektive
☐	Gefühle einer Figur werden deutlich.
☐	Gesamtgeschehen wird lediglich neutral beschrieben.
☐	Über die Figuren erfahren die Leserinnen und Leser alles.
☐	Gefühle aller Figuren werden deutlich.
☐	Mitfühlen mit einer Figur ist möglich.
☐	Häufung des Personalpronomens „er“
☐	Häufung des Personalpronomens „sie“
☐	Häufung des Personalpronomens „ich“

c) Entscheide dich abschließend für eine der unten genannten Erzählperspektiven.

	Erzählperspektive
☐	personaler Sie-Erzähler
☐	personaler Er-Erzähler
☐	auktorialer Ich-Erzähler
☐	personaler Ich-Erzähler
☐	auktorialer Erzähler
☐	neutraler Erzähler

Aufgabe 3

Schreibe eine vollständige Analyse der Erzählperspektive zur Kurzgeschichte *Der Schritt zurück*.

Figurencharakterisierung

Wenn ein Autor/eine Autorin den Charakter einer Figur beschreiben will, gibt es zwei Möglichkeiten: die **direkte** und die **indirekte Charakterisierung**. Damit du selbst den Charakter der Figur erkennen kannst, solltest du über die verschiedenen Formen der Charakterisierung Bescheid wissen. Manche Eigenschaften werden nämlich nicht wörtlich genannt, sondern müssen von dir zum Beispiel aus dem Verhalten erschlossen werden.

Das folgende Schaubild zeigt dir zwei Varianten der Charakterisierung.

Charakterisierung

direkte Charakterisierung

Eigenschaften und Charaktermerkmale, die im Text ausdrücklich

a) durch die Figur selbst (Selbstcharakterisierung),
b) durch andere Figuren (Fremdcharakterisierung) *oder*
c) durch den Erzähler genannt werden.

Beispiele:
allgemeine Angaben, wie das Alter, Aussehen, Charaktereigenschaften

indirekte Charakterisierung

Eigenschaften und Charaktermerkmale, die vom Verhalten oder von Äußerungen der Figur abgeleitet werden können

Beispiele:
„Gemächlich schob er den Rollator vor sich her.“ → höheres Alter

„Obwohl ihre Mutter sie gewarnt hatte, streckte sie die Hand mit erhobenem Daumen heraus und hoffte, dass das nächste Auto sie mitnehmen würde.“
→ waghalsig, rebellisch, naiv

positive Charaktereigenschaften

abenteuerlustig, aufgeschlossen, aufrichtig, aufgeweckt, begabt, bescheiden, bodenständig, clever, charakterstark, charmant, diszipliniert, diplomatisch, ehrlich, einfallsreich, engagiert, entschlossen, fair, fleißig, fürsorglich, geduldig, großzügig, gewissenhaft, höflich, hilfsbereit, intelligent, kommunikativ, kreativ, klug, leistungsstark, liebenswert, loyal, mitfühlend, mutig, nachsichtig, niveauvoll, originell, offen, organisiert, positiv, pünktlich, produktiv, ruhig, respektvoll, selbstbewusst, sensibel, spontan, tatkräftig, tolerant, teamfähig, unvoreingenommen, unkompliziert, vielseitig, verständnisvoll, vertrauenswürdig, wissbegierig, witzig, zielbewusst, zuverlässig ...

negative Charaktereigenschaften

abweisend, ängstlich, arrogant, besitzergreifend, beeinflussbar, bösartig, charakterlos, chaotisch, cholerisch, disziplinlos, dickköpfig, durcheinander, egoistisch, eingebildet, einfallslos, faul, feindselig, frustriert, gierig, gemein, gewissenlos, herablassend, hinterhältig, hochnäsig, irrational, intolerant, ignorant, kaltherzig, konfliktscheu, langweilig, launisch, lügnerisch, manipulativ, mürrisch, mutlos, nachlässig, nervig, oberflächlich, orientierungslos, obsessiv, paranoid, planlos, prahlerisch, rücksichtslos, rechthaberisch, respektlos, schadenfroh, schwerfällig, stur, taktlos, trotzig, unmoralisch, unehrlich, unsicher, verantwortungslos, verwöhnt, ziellos, zögerlich, zweifelnd ...

Beim Schreiben einer Charakterisierung hat sich der folgende Aufbau vom Äußeren zum Inneren einer Figur bewährt.

Tipp: Wichtig ist bei allen Punkten, dass du sie mit direkten und indirekten Zitaten anhand des Textes belegst.

Aufgabe

a) Markiere in der unteren Tabelle auf der vorangegangenen Seite die Charaktereigenschaften, die auf den Jungen in der Kurzgeschichte zutreffen, mit verschiedenen Farben.

b) Markiere in der Kurzgeschichte *Der Schritt zurück* die Stellen, mit denen du diese Charaktereigenschaften belegen kannst. Nutze dazu die Farben aus a).

c) Formuliere eine vollständige Figurencharakterisierung mit den oben dargestellten Schritten 1 bis 4 des Jungen in deinem Heft.

Figurenkonstellation

Bei der Figurenkonstellation geht es darum, **wie die einzelnen Figuren des Textes zueinander stehen.** Diese Aufgabenstellung trägt dazu bei, den Text bzw. seine Handlung noch besser zu verstehen.
Eine Vorarbeit zu dieser Aufgabenstellung hast du auf (► **Seite 101**) bereits erledigt.

Die nachfolgenden Schritte helfen dir bei dieser Aufgabenstellung:

1. Zunächst schaust du dir an, **welche Figurenbeziehung** du eigentlich näher betrachten sollst.
2. Suche im Text **Stellen** heraus, die die Beziehung dieser Figuren beschreiben.
3. Finde **passende Adjektive**, um diese Beziehung zu beschreiben. Wie schon bei der Figurenbeschreibung gibt es viele Möglichkeiten, wie eine solche Beziehung gestaltet sein kann.

angespannt | eifersüchtig | elterlich | eng | feindlich | feindselig | freundschaftlich | geschwisterlich | herzlich | kameradschaftlich | kollegial | konkurrenzorientiert | konfliktgeladen | kooperativ | misstrauisch | nachbarschaftlich | partnerschaftlich | romantisch | rivalisierend | schützend/beschützend | strategisch | unterstützend | vertraut | verwandtschaftlich

4. Ergänzend kannst du Schritt 3 auch **visualisieren**, z. B. in Form einer Mindmap, mit verschiedenen Symbolen, Pfeilen, Farben und Linien oder in Tabellenform.

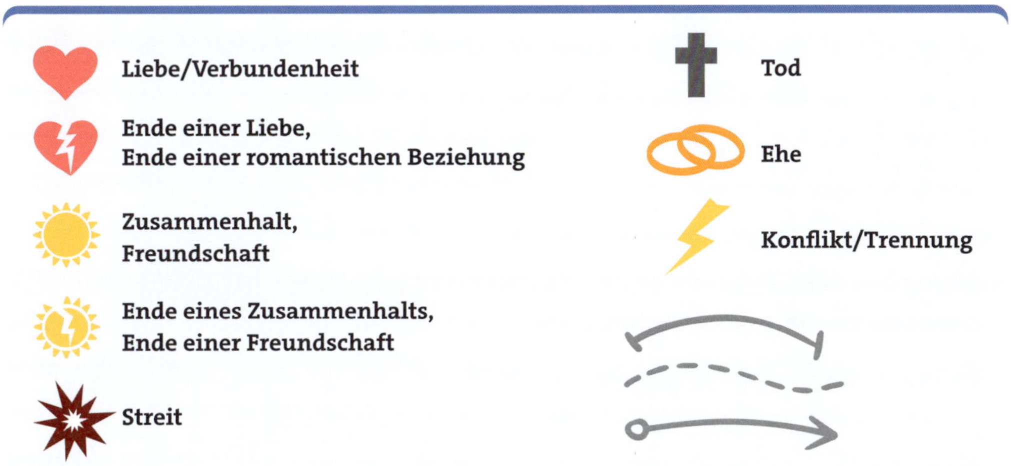

5. Finde den **Grund für die Beziehung der Figuren** heraus.

   Tipp: Nicht jeder Text enthält eine solche Zusatzinformation.

6. Überlege dir, ob das **Verhältnis** der Figuren zueinander stets gleich bleibt **(statische Beziehung)** oder ob es sich verändert **(dynamische Beziehung)**. Eine intensiver werdende Beziehung kannst du z. B. mit einer breiter werdenden Linie darstellen.

   Tipp: Denke auch hier wieder an das Zitieren: Belege deine Aussagen mit passenden Stellen aus dem Text.

➲ **Aufgabe**

Schreibe eine vollständige Figurenkonstellation zu *Der Schritt zurück*, die **sich auf die** Beziehung des Jungen zur Menschenmenge und zu seinem Trainer **bezieht in dein Heft.**

Die folgenden Formulierungshilfen unterstützen dich dabei.

- → *Die Beziehung zwischen x und y lässt sich insgesamt als z beschreiben.*
- → *Deutlich wird dies insbesondere in den Zeilen a–b: „[Zitat]“*
- → *Aber auch in den Zeilen c–d wird klar ersichtlich, dass …*
- → *Auffällig ist, dass sich die Beziehung zwischen x und y ab Zeile a verändert: War sie vorher noch …, ist sie nun …*
- → *Den ganzen Text über bleibt das Verhältnis zwischen x und y unverändert. Nicht einmal, als …*
- → *Auch wenn die Meinung von x über y klar ist, erfahren die Leserinnen und Leser dennoch nur etwas über diese Beziehung aus der Sicht von …*

Bezug zur Biografie und der Entstehungszeit

Denkbar ist auch, dass du den Einfluss der Biografie der Autorin bzw. des Autors oder der Entstehungszeit auf den Text untersuchen sollst.

Es kann beispielsweise sein, dass du erläutern musst, warum ein Text typisch für die Nachkriegsliteratur ist. Möglich ist ebenfalls, dass du anhand des Textes begründen sollst, warum die Werke der Autorin bzw. des Autors bzw. sich so gut verkaufen/so beliebt sind/so gelobt werden usw.

Unter Umständen erhältst du dafür einen zusätzlichen kurzen Text, der notwendige Zusatzinformationen zur Bearbeitung der Aufgabenstellung enthält.

Das Vorgehen bei dieser Art von Aufgabe ist stets dieselbe:
Du weist die Behauptung aus der Aufgabenstellung (Text stammt aus der Nachkriegsliteratur/Text ist sehr beliebt) anhand geeigneter Textstellen mit Zitaten nach:

1. Was im Text ist typisch für die Nachkriegsliteratur?
2. Was am Text könnte für die Beliebtheit der Werke des Autos bzw. der Autorin sprechen?

Hinweis

Da hier viele Aufgabenstellungen vorstellbar sind, findest du sie nicht in der Checkliste.

Hinweis

Dieser Aufsatz ist deutlich länger als der, den du in der Prüfung schreiben musst, denn er geht auf alle in diesem Heft genannten Aufgabenstellungen des Aufsatzes zu einem literarischen Text ein. Zur leichteren Orientierung enthält er zudem Teilüberschriften. Dein Aufsatz in der Prüfung sollte diese nicht enthalten.
Alle Zeilenangaben beziehen sich auf den Text auf ▶ **Seite 98.**

Musteraufsatz – *Der Schritt zurück*

von Florian Fuchs

Einleitung

Die Kurzgeschichte „Der Schritt zurück" von Annette Rauert, die im Buch „Geschichten zum Nachdenken. Ein Lesebuch für Schule, Gruppe und Familie" im Jahr 1977 in München/Mainz erschien, erzählt davon, dass man sich nicht von den Erwartungen anderer unter Druck setzen lassen, sondern auf seine innere Stimme hören sollte.

Inhaltszusammenfassung

Die Kurzgeschichte beginnt ohne eigentliche Einleitung direkt beim namenlosen Protagonisten, der in einem Schwimmbad in großer Höhe über einer Wasserfläche steht, was bei ihm Angst auslöst. Die Aufforderung seines ebenfalls namenlosen Trainers, dennoch hinunterzuspringen, verstärkt dieses Gefühl noch weiter. Auch wenn weder ein genauer Ort noch eine Zeitangabe genannt werden, ist aufgrund der glitzernden Wasseroberfläche davon auszugehen, dass es sich um ein Freibad im Sommer handelt.

Unten am Becken hat sich eine Menschenmenge versammelt, von der die Hauptfigur denkt, sie erwarte, dass er springe, weswegen er für sie nur Verachtung empfindet. Innerlich ist er hin- und hergerissen, ob er dem gefühlten Druck der Menge nachgeben oder absteigen soll. Letztendlich entscheidet sich der Junge für Letzteres und geht unten angekommen stolz durch die Menschenmenge.

Textsortennachweis

Bei dem vorliegenden Text mit dem Titel „Der Schritt zurück" handelt es sich um eine Kurzgeschichte. Deutlich wird das daran, dass sie mit 40 Zeilen verglichen mit anderen Prosatexten wie vielen Märchen oder gar Romanen relativ kurz ist. Außerdem besitzt der Text keine Einleitung, was sich in der ersten Zeile zeigt, da der Text gleich mit der eigentlichen Handlung beginnt: „Er stand ganz am Rand." Weder werden die Figuren, noch wird der Ort einleitend vorgestellt. Diese finden sich auch im weiteren Verlauf der Geschichte nicht, da ihr Inhalt allgemeingültig sein soll, d. h. ihre Aussage soll nicht nur für eine bestimmte Situation und Zeit gelten. Die Handlung ist relativ knapp. Nebenhandlungen oder Ausschmückungen sind nicht erkennbar, was ebenfalls für eine Kurzgeschichte spricht. Typisch für diese Textsorte ist auch, dass ein einziges Erlebnis der Hauptfigur thematisiert wird – hier der bevorstehende Sprung von einem hohen Sprungturm im Schwimmbad und die damit verbundene Angst: „Er hatte Angst, nackte Angst." (Z. 3). Das letzte wichtige Merkmal einer Kurzgeschichte ist, dass sie ein eher offenes Ende hat. Zwar „kletterte er die Leiter hinab" (Z. 35 f.), aber es bleibt offen, ob der Protagonist jemals von einem so hohen Turm springt. Auch eine mögliche Reaktion des Trainers wird nicht geschildert.

→

Titelanalyse

Beim ersten Lesen der Überschrift ist es möglich, dass viele den Titel der Kurzgeschichte „Der Schritt zurück“ wörtlich nehmen: Eine Figur steht also an einem Punkt und geht tatsächlich einen Schritt nach hinten. Es ist aber auch denkbar, dass die Überschrift in einem übertragenen Sinne verstanden wird: Man traut sich nicht, macht einen Rückzieher von etwas.

Die Überschrift spielt gewissermaßen mit den Erwartungen der Leserinnen und Leser, da sich ihre genaue Bedeutung erst beim Lesen des Textes erschließt. Dabei wird deutlich, dass die Überschrift eher auf die zweite mögliche Assoziation Bezug nimmt, da der namenlose jugendliche Protagonist sich nicht traut, von einem hohen Turm in einem Schwimmbad zu springen. Insofern ist es möglich, dass sich die ersten Assoziationen mit der Überschrift beim Lesen des Textes bestätigen. Auch wenn alltagssprachlich die Tatsache, dass sich jemand nicht traut, eher negativ gesehen wird, ist das in der vorliegenden Geschichte nicht der Fall – ganz im Gegenteil: Der Jugendliche gewinnt durch den Rückzieher Selbstvertrauen und Stärke.

Innere und äußere Handlung

In der Kurzgeschichte dominiert klar die innere Handlung. Gedanken und Gefühle nehmen den Großteil des Textes ein. Zur inneren Handlung gehören z. B. die Angst des Protagonisten (vgl. Z. 3), die Abwertung der zuschauenden Menge als feige (vgl. Z. 26) sowie die Fragen, die sich die Hauptfigur stellt (vgl. Z. 18–21, 31–33).

Die äußere Handlung, also das Beobachtbare, nimmt nur einen kleinen Teil des Textes ein, wie z. B. die Beschreibung, dass der Jugendliche am Rand des Sprungturms steht (vgl. Z. 1) oder dass das Publikum zu ihm nach oben starrt (vgl. Z. 8).

Erzählzeit und erzählte Zeit

Nach der Betrachtung der inneren und äußeren Handlung folgt eine Analyse der Kurzgeschichte hinsichtlich des Verhältnisses von Erzählzeit und erzählter Zeit.

Es liegt eine sogenannte Zeitdeckung vor, da die erzählte Zeit und die Erzählzeit weitestgehend identisch sind. Deutlich wird dies, wenn man sich in seinem Inneren die Geschichte vorliest, was ca. drei Minuten dauert. Die Ereignisse in „Der Schritt zurück“ – das Betrachten des Publikums (vgl. Z. 8–17), das innere Zwiegespräch (vgl. u. a. Z. 23–27) sowie das Absteigen vom Sprungturm (vgl. Z. 35 f.) – könnten auch etwa drei Minuten dauern.

Erzählperspektive

Nach der Analyse der Erzählzeit bzw. erzählten Zeit soll nun die Erzählperspektive näher betrachtet werden.

In der Kurzgeschichte liegt ein personaler Er-Erzähler vor. Dies ist daran erkennbar, dass die Gefühle und Gedanken des Protagonisten klar benannt werden. Ersichtlich wird das z. B. in Zeile 3: „Er hatte Angst, nackte Angst.“ Aber auch hier tritt der Er-Erzähler hervor: „Seine Verachtung stieg ins Unermessliche.“ (Z. 30). Die Gefühle und Gedanken anderer Figuren, wie z. B. des Trainers, bleiben im Dunkeln.

Die gewählte Perspektive wurde vermutlich von der Autorin Annette Rauert gewählt, damit sich die Lesenden besonders intensiv in den Protagonisten hineinversetzen können. So ist eine bessere Identifikation sowie Empathie mit dem Jugendlichen möglich.

Figurencharakterisierung

Bevor auf die Beziehung des Jungen zum Trainer und dem Publikum eingegangen wird, wird zunächst der Protagonist genauer vorgestellt, um seine Gedanken und Handlungen besser verstehen zu können.

Der Text enthält weder Informationen zum Aussehen, dem Alter noch zur Herkunft des Jungen. Aufgrund der Tatsache, dass er einen Trainer hat, lässt sich darauf schließen, dass er jünger sein muss. Womöglich handelt es sich um seinen Schwimmtrainer, sodass der Junge ein Schwimmanfänger wäre, oder er ist ein Mann, der den Jungen für einen Wettkampf bzw. Wettbewerb trainiert. In diesem Fall wäre der Junge etwas älter. Gegen das junge Alter spricht allerdings die Tatsache, dass er von einem so hohen Turm ins Wasser springen soll, was man von einem Anfänger eher nicht erwartet.

Auffällig an der Kurzgeschichte ist, dass man alle Charaktereigenschaften des Jungen von ihm selbst erfährt. Weder der Trainer noch das Publikum lassen Rückschlüsse auf die Persönlichkeit des Jungen zu.

Zu Beginn lässt er sich als ängstlich bezeichnen: „Er hatte Angst, nackte Angst." (Z. 3). Diese Emotion ist bis Zeile 30 förmlich spürbar, auch wenn sie nicht weiter ausgeführt wird. Eng mit seiner Angst sind seine Selbstzweifel und Unsicherheit verbunden. Er setzt sich durch das wartende Publikum selbst unter Druck: „Trotzdem fühlte er sich ihnen verpflichtet. Er musste springen, damit sie ihre Sensation bekamen." (Z. 9 f.). Aber gleichzeitig ist er sich sicher, dass er diesen Sprung nicht schaffen wird (vgl. Z. 10–12).

Somit ist er zwischen dem womöglich eingebildeten Druck und der Erwartungshaltung der anderen auf der einen Seite und seinen Selbstzweifeln auf der anderen Seite hin- und hergerissen. Zu dieser inneren Zerrissenheit tritt noch das Gefühl der Einsamkeit in zehn Metern Höhe: „Er war so einsam." (Z. 29). Seine Gefühlslage und sein innerer Konflikt werden durch die vielen Fragen in den Zeilen 18–21 und 31–33, die weitestgehend Selbstzweifel ausdrücken, weiter betont. Erst in Zeile 34, fast am Ende des Textes, gehen seine Angst, seine Mutlosigkeit und Selbstzweifel über in Mut und Entschlossenheit, als er sich dazu entscheidet, nicht zu springen und die Leiter hinunterklettern (vgl. Z. 34–35). Im letzten Abschnitt ab Zeile 37 treten noch Stolz, Gelassenheit, Stärke und Selbstachtung hinzu: „Zum ersten Mal in seinem Leben trug er den Kopf hoch. Er begegnete den Blicken der anderen mit kühler Gelassenheit" (Z. 37 f.) bzw. „Er fühlte sich so stark […]." (Z. 38). Die Kurzgeschichte endet mit der Gewissheit des Jugendlichen, dass er irgendwann einmal aus einer solchen Höhe springen würde (vgl. Z. 40).

Die Tatsache, dass er seinen Kopf „Zum ersten Mal in seinem Leben" (Z. 37) aufrecht hält, könnte ein Hinweis darauf sein, dass der Junge in seinem bisherigen Leben eher mutlos und zweifelnd gewesen ist, was sich durch seine selbstbewusste Entscheidung nicht zu springen, geändert hat.

Zusammenfassend lässt sich sagen, dass der Junge in der kurzen Zeit, in der er auf dem Sprungturm gestanden hat, eine Vielzahl an Emotionen durchlebt hat, die letztendlich einiges über seinen Charakter aussagen.

Figurenkonstellation

In der Figurencharakterisierung wurden die Figuren dieser Kurzgeschichte zwar alle genannt, aber nicht ihr Verhältnis zueinander beleuchtet.

Zunächst soll auf die Beziehung zwischen dem Trainer und dem Protagonisten eingegangen werden. Der Text enthält keinerlei direkte Informationen über die Konstellation dieser beiden Figuren, sodass anhand der einzigen wörtlichen Rede innerhalb des Textes („Spring!", Z. 4) nur gemutmaßt werden kann. Denkbar ist, dass der Trainer durch seine Aufforderung zum Sprung dem Protagonisten Mut machen möchte. Auch ist es möglich, dass er ihn bewusst unter Druck setzt. Bei Erstgenanntem lässt sich das Verhältnis als positiv beschreiben, da der Trainer seinen Schützling ermuntern möchte. Versteht man die Aufforderung aber als Druck, ist das Verhältnis der beiden Figuren eher gespannt. Auch ist es vorstellbar, dass der Trainer nicht viel über die (emotionale) Verfassung seines Schülers auf dem Sprungturm weiß, was wiederum darauf schließen lässt, dass er ihn nicht gut kennt. Ein professioneller Trainer sollte in der Lage sein, die Fähigkeiten, aber auch die Schwächen seines Schülers einzuschätzen.

Die Meinung des Protagonisten über die wartende Menge könnte nicht negativer sein: „Stumm, wie eine Herde blöder Schafe standen da unten und warteten." (Z. 27). Der anfängliche Drang, den Wartenden etwas beweisen zu müssen (vgl. Z. 9 f.), ist gewichen. Auch im weiteren Verlauf wird thematisiert, was der Jugendliche von der Masse denkt – nur drastischer. Er bezeichnet sie als gierig (vgl. Z. 28) und „feig" (Z. 28). Kurzum: Er hat nur „Verachtung" (Z. 30) für die Menschen unten übrig. Nichtsdestotrotz scheint es so, als würde der Jugendliche dennoch überlegen zu springen: „Aber war das Springen heldenhaft, hatte es einen Sinn? Ein Schritt nur!" (Z. 32 f.). Der Junge ist zwischen der womöglich eingebildeten Erwartung der von ihm verabscheuten Menge und seinen Zweifeln hin- und hergerissen.

Ob die Menge tatsächlich erwartet, dass er springt, bleibt offen, denn die Leserinnen und Leser lernen nur seine Sicht kennen. Auch von ihrer Mimik lässt sich keine Erwartungshaltung ableiten, da der Protagonist sie nur „weiße Ovale mit harten Augen" (Z. 15 f.) wahrnimmt. Es bleibt zudem offen, was der Junge mit seiner Einschätzung als „harte Augen" überhaupt meint. So ist es denkbar, dass das Publikum – vom Trainer abgesehen – gar nicht die Erwartungshaltung hat, die sich der Junge in seinem Kopf ausmalt.

Gegen Ende des Textes löst sich der innere Konflikt des Jungen auf: Er hört auf seine innere Stimme und klettert „[l]angsam […] die Leiter hinab und [schreitet] durch die starre Gruppe." (Z. 35 f.). Das Adjektiv „starre" (Z. 36) vermittelt eine klare Vorstellung über die Reaktion des Publikums, das wohl auf den Sprung des Jugendlichen gehofft hat. Es steht starr da – womöglich vor Respekt – und betrachtet den jungen Mann. Es entsteht so der Eindruck, dass sich der Jugendliche gegenüber der Menge als triumphierender Sieger fühlt.

Aus Sicht des Jungen liegt abschließend eine dynamische Beziehung zu den Zuschauenden vor, denn Druck und Erwartung weichen Respekt und Anerkennung.

Sprachanalyse

Bevor auf die Intention des Verfassers eingegangen wird, soll im Folgenden die Sprache dieses Textes analysiert werden. Zunächst wird auf den Satzbau näher eingegangen.

Über den gesamten Text verteilt fallen viele Fragen auf: „Warum rief ihn niemand zurück?" (Z. 17), „Aber wenn er jetzt sprang und sich für ihre Gier opferte, war er dann nicht auch so feig wie sie?" (Z. 28) oder „Wenn er sprang, war irgendetwas damit erreicht? Tat er damit etwas Falsches? Etwas Richtiges?" (Z. 31 f.). Alle genannten Fragen verdeutlichen die Unentschlossenheit des Jugendlichen auf dem Sprungturm.

Eine weitere Auffälligkeit im Satzbau ist die Tatsache, dass der Text nur eine einzige wörtliche Rede, genauer eine Aufforderung, enthält: „Spring!" (Z. 4). In ihr bündeln sich die Erwartungen des gesamten Publikums – inklusive des Trainers. Gleichzeitig steht dieser Satz für den enormen Druck, der auf dem Jugendlichen lastet.

Der Großteil des Textes spielt sich in dessen Innerem ab. So gibt z. B. die Ellipse „Unter ihm die gleißende Wasseroberfläche" (Z. 1 f.) wieder, wie der Protagonist das Wasser unter sich wahrnimmt. Außerdem können sich die Lesenden durch diese Beschreibung einen guten Eindruck von der Situation verschaffen, in der der Jugendliche sich befindet: Er steht oben auf dem Sprungturm, die Sonne spiegelt sich im Wasser und er ringt dabei mit sich, ob er springen soll oder nicht.

Die letzte Auffälligkeit hinsichtlich des Satzbaus sind die kurzen Hauptsätze: „Leute starrten nach oben. Sie warteten. Ihre Gesichter waren feindlich." (Z. 8 f.). Durch die Kürze der Sätze wird eine Spannung aufgebaut, die über den gesamten Text förmlich spürbar ist.

Anders als im Bereich Satzbau finden sich hinsichtlich der Wortwahl kaum Auffälligkeiten. Lediglich zwei sind an dieser Stelle zu nennen. Zum einen enthält „Der Schritt zurück" treffende und ausdrucksstarke Verben wie „geschrien" (Z. 24) und „ausspucken" (Z. 27). Beide Wörter betonen, wie negativ der Jugendliche in Bezug auf die wartende Menge eingestellt ist.

Zum anderen beinhaltet der Text ausschmückende Adjektive. Hier sind exemplarisch (beispielhaft) „feig“ (Z. 28) und „einsam“ (Z. 29) zu nennen. Während das erste Wort erneut die Wartenden charakterisiert, verdeutlicht das zweite, wie sich der Jugendliche auf dem Sprungturm fühlt.

Der Text beinhaltet nicht nur hinsichtlich des Satzbaus und der Wortwahl Auffälligkeiten, sondern er enthält auch einige Stilmittel. Gleich zu Beginn fällt eine Hyperbel auf: „[...] gleich musste es seinen Kopf sprengen.“ (Z. 5). Wie die oben bereits analysierte Aufforderung verdeutlicht auch diese Übertreibung den Druck, dem sich der Protagonist ausgesetzt fühlt.

Der Vergleich weiter oben zeigt auf, wie bedrohlich der Jugendliche seine Lage auf dem Sprungturm einschätzt: „[w]ie geschmolzenes Blei“ (Z. 2). Er sieht den Inhalt des Beckens, in das er springen soll, nicht als Schwimmbadwasser, sondern als sehr heißes, geschmolzenes und somit tödliches Metall.

Auffällig sind die vielen Wiederholungen des Personalpronomens „er“ (Z. 1, 3, 9, 10, 11 usw.). Dies lässt sich auf zwei Arten deuten: Zum einen betont die Wiederholung, dass der Jugendliche, also er, im Zentrum des gesamten Geschehens steht. Durch den Verzicht auf einen Namen wirkt der Protagonist zum anderen austauschbar: Er ist kein detailliert beschriebener Charakter, sondern einfach nur ein „Er“. Wie im Textsortennachweis bereits erwähnt, ist dies typisch für eine Kurzgeschichte, damit sich die Lesenden besser in die Hauptfigur hineinversetzen können.

Ein Symbol findet sich ebenfalls im Text – der Sprungturm. Dieser lässt sich, wie das Personalpronomen „er“, auf zwei Weisen deuten: Zum einen steht er für die Angst des Jugendlichen. Zum anderen lässt er sich als Symbol für den Triumph des Protagonisten über seine Angst (vgl. Z. 34–39) und den Druck der zuschauenden Menge, wie sie z. B. in Z. 8–13 erkennbar wird, interpretieren. Der Sprungturm steht somit für zwei ambivalente (gegensätzliche) Emotionen: Angst und Stolz.

Verfasserabsicht

Nach der ausführlichen Analyse der sprachlichen Auffälligkeiten folgt die Untersuchung des Textes hinsichtlich seiner möglichen Absichten.

Bei der Kurzgeschichte „Der Schritt zurück“ liegen die Intentionen Ausdruck und Appell vor. Die Absicht, etwas Emotionales auszudrücken, wird an mehreren Stellen im Text deutlich: Die Autorin bringt das innere Zwiegespräch des Protagonisten auf dem hohen Sprungturm zum Ausdruck und was dieser in seiner Einsamkeit in zehn Metern Höhe empfindet – Angst und seine Feindseligkeit dem Publikum gegenüber. Aber auch seine Stärke und seine Selbstachtung beim Abstieg vom Turm werden klar ausgedrückt. Eine mögliche Intention ist es also, dass sich die Lesenden zum einen in den Protagonisten und seine Situation und zum anderen seine emotionale Lage empathisch hineinversetzen sollen.

Damit verbunden ist die zweite Textintention, der Appell, also eine Aufforderung an die Leserschaft. Diese ist allerdings nicht offensichtlich, sondern findet sich im Text indirekt wieder. Das heißt, die Kurzgeschichte fordert nicht direkt dazu auf, tapfer zu sein, auf sich selbst zu hören und den Mut zu haben, einmal nicht den Erwartungen der Masse zu entsprechen. Es wird erwartet, dass sich das Lesepublikum in die Situation des Jugendlichen hineinversetzt, diese nachempfinden kann und so selbst die eben genannten Aufforderungen versteht und womöglich auch umsetzt.

Zusammenfassend ist eher nicht die Unterhaltung der Leserinnen und Leser die primäre Absicht der Verfasserin, sondern das Mitfühlen mit dem Protagonisten, verbunden mit dem Auftrag, über das Erlebte des Jugendlichen nachzudenken und es gegebenenfalls auf das eigene Leben zu beziehen.

Reaktionen der Leserschaft

Durch den langen inneren Monolog des Protagonisten, der einen Großteil des Textes ausmacht, ist es wahrscheinlich, dass die Leserinnen und Leser über den Textinhalt nachdenken, da sie mit dem Jungen mitfühlen können. Es ist gut möglich, dass sie sich durch die detaillierten Schilderungen selbst in eine ähnliche Situation versetzt fühlen, die sie in ihrer Vergangenheit einmal erlebt haben. Es kann daher gut sein, dass jemand, der schon einmal exakt in derselben Lage gewesen ist, innerlich oder gar äußerlich mitzittert und mit dem Jungen mitfiebert, da man bis zum Ende nicht weiß, ob er tatsächlich springt oder nicht.

Denkbar ist auch, dass sich die Lesenden wie auch der Protagonist fragen, warum ihn die Menge nicht vom bevorstehenden Sprung abhält. Sie sehen schließlich, wie der Junge oben auf dem Sprungturm steht und zögert. Dies könnte ein gewisses Unverständnis gegenüber dem Publikum auslösen. Möglich, wenn auch etwas weiter hergeholt, ist auch, dass Eltern darüber nachdenken, ob sie ihr Kind in einer solchen Situation zum Sprung auffordern würden. Zum einen macht es Eltern vermutlich glücklich, wenn sie sehen, dass ihr Kind sich etwas traut. Zum anderen wären sie aber wohl auch stolz, wenn nicht gar noch stolzer, wenn das Kind trotz aller Erwartungshaltung auf die eigene Stimme hört und eben nicht springt.

Begründete Stellungnahme – Auswirkungen von Gruppenzwang

> *Hier wurden die einzelnen Schritte des Aufbaus wie auf Seite 63 farbig dargestellt.*

Im Folgenden wird auf die Frage eingegangen, wie sich Gruppenzwang auf einen Menschen auswirken kann.

Ich bin der Ansicht, dass Gruppenzwang oftmals negative Auswirkungen auf jemanden haben kann, weshalb ich denke, dass man sich derartigem Zwang bzw. Druck niemals beugen sollte – auch wenn es zugegeben schwer sein kann.

Es kann Menschen dazu verleiten, riskante oder ungesunde Verhaltensweisen anzunehmen, wie z. B. Alkohol- bzw. Drogenkonsum oder Mobbing. Diese Handlungsmuster können mittelfristig schwerwiegende Konsequenzen für ihre körperliche und geistige Gesundheit nach sich ziehen. Aber auch langfristige Auswirkungen sind denkbar. Darunter fallen mögliche rechtliche Folgen oder ein schlechter Ruf, den man nur schwer wieder loswird.

Auch handeln Personen, die sich einem Gruppenzwang beugen, oft gegen ihre eigenen Überzeugungen, was zu inneren Konflikten und einem Gefühl der Unzufriedenheit führen kann. Dies kann langfristig das Selbstwertgefühl und die Selbstachtung beeinträchtigen. Wenn Menschen zudem lernen, ihre Entscheidungen und Handlungen von der Meinung anderer abhängig zu machen, ist es wahrscheinlich, dass sie immer mehr auf äußere Bestätigung angewiesen sind, anstatt ein gesundes Selbstbewusstsein zu entwickeln.

Eng mit diesem Punkt verbunden ist der Verlust der Selbstbestimmung. Sich dem Gruppenzwang zu beugen, bedeutet oft, die eigenen Überzeugungen und Werte zu ignorieren, um sich anderen anzupassen. Dies kann dazu führen, dass man seine Identität und Individualität (Einzigartigkeit) verliert, was essentiell (entscheidend) für die persönliche Entwicklung ist. Führt man sich vor Augen, dass alle einzigartig sind, sollte es das Ziel sein, diese Individualität zu bewahren und zu fördern. Wenn Jugendliche/Menschen ständig einem Gruppenzwang nachgeben, riskieren sie, ihre persönlichen Interessen und Talente zu vernachlässigen.

(252 Wörter)

Offener Schreibauftrag – Innerer Monolog aus Sicht einer Freundin

Warum springt er nicht? Er steht da oben und schaut runter, als wäre der Sprungturm der Mount Everest. Was hat er denn? Hat er vielleicht Angst zu springen? Höhenangst? Oder gibt es einen anderen Grund?

Ich meine, da oben stehen und nicht springen, das ist schon eine Ansage. Alle schauen zu ihm hoch, erwarten, dass er springt. Er sieht die Blicke, spürt den Druck. Wie muss sich das wohl anfühlen? Muss total krass sein. Vielleicht ist es doch die Höhenangst? Ne, hätte ich längst gemerkt. Wir waren doch schon oft zusammen klettern. Er war immer voll dabei. Also, was ist los?

Womöglich ist heute einfach nicht sein Tag, er hat schlecht geschlafen oder irgendwas ist passiert, das ihn durcheinandergebracht hat. Er sieht – soweit ich es erkennen kann – echt nachdenklich aus. Frag mich, was in seinem Kopf vorgeht. Ob er an etwas denkt, das ihn blockiert? Manchmal hat man so Tage ... Kenn ich auch. Vielleicht sollte ich nicht so schnell urteilen.

Wäre er jetzt gesprungen, hätte er wahrscheinlich großen Applaus bekommen. Alle hätten gejubelt und ihn gefeiert. Aber was wäre, wenn er sich dabei verletzt hätte? Vielleicht ist er einfach schlauer, als wir alle denken und er weiß in seinem Inneren, dass es nicht richtig ist, zu springen. Irgendwas sagt ihm, dass es besser ist, das Ganze sein zu lassen.

Er ... Er dreht sich um. Geht zurück. Langsame Schritte. Kein Zögern mehr. Das ist mal mutig. Echt! Sich nicht dem Druck beugen. Zu sich selbst stehen. Er muss sich vor niemandem beweisen. Unabhängig von der Meinung anderer zu sein. So muss das! Es erfordert Mut, sich seinen Ängsten zu stellen und zu sagen: „Heute nicht." Das ist wahre Stärke.

Die anderen um mich herum sehen enttäuscht aus. Ich höre sie tuscheln, aber sie haben doch keine Ahnung. Ich wette, sie sind nicht mal halb so mutig, wie er es gerade ist. Sie würden sich von der Gruppe drängen lassen. Sich beweisen wollen. Aber er ... Er tut das nicht. Er entscheidet für sich selbst. Respekt!

Ich frage mich, was ich an seiner Stelle getan hätte. Ob ich gesprungen wäre? Wahrscheinlich nicht. Oder doch? Ach, keine Ahnung. Jedenfalls bewundere ich ihn jetzt noch mehr. Nicht für den Sprung, den er nicht gemacht hat, sondern für den Mut, zu sich selbst zu stehen. Das ist wirklich beeindruckend.

Er kommt unten an, schaut hoch. Das ist ein Gesichtsausdruck, der sagt: „Mir ging es nie besser." Und das ist es, was zählt. Ein echter Held, auch ohne Sprung. Da läuft er und schau an: Jetzt werden auch die anderen um mich herum leise. Zollen sie ihm tatsächlich Respekt!

(435 Wörter)

Schluss

Die Kurzgeschichte „Der Schritt zurück" hat mir persönlich gut gefallen. Die vielen kurzen Sätze und die anschaulichen Schilderungen des inneren Zwiegesprächs haben mir dabei geholfen, mich in den Jugendlichen auf dem Sprungturm und seine Gefühlslage hineinzuversetzen. Nachdenklich hat mich in der Geschichte jedoch der Trainer gestimmt. Er hätte den Jungen – finde ich – nicht zum Sprung animieren sollen, da er vermutlich wusste, dass dieser Angst hat. Einen derartigen Trainer möchte ich nicht haben – eher einen, der mich unterstützt und motiviert. Daher hat der Text in mir verschiedene Gefühle hervorgerufen: Zum einen Mitgefühl für den Protagonisten, aber auch eine Abneigung gegenüber dem unsensiblen Trainer.

Auch wenn ich noch nie von einem so hohen Turm gesprungen bin, ist mir schon einmal etwas Ähnliches passiert. Meine Clique wollte mich zu einer Mutprobe überreden, bei der ich mich mit einem Skateboard an ein fahrendes Auto hängen sollte. Wie die Hauptfigur habe ich mit mir selbst gerungen, ob ich das tun soll. Nach einem längeren inneren Zwiegespräch kam ich zu dem Entschluss, es nicht zu tun. Im Nachhinein war es für mich definitiv die richtige Entscheidung, auch wenn mich ein paar (ehemalige) Kumpels nun nicht mehr beachten. Für mich persönlich war dies – wie für den Jungen in der Geschichte – eine wichtige Lebenserfahrung.

Ich bin der Meinung, dass Menschen allgemein mehr auf ihre innere Stimme hören und nicht den Wünschen und dem Drängen einer größeren Gruppe nachgeben sollten. Im Zweifelsfall weiß man vermutlich selbst, was das Beste für einen ist.

Gruppenzwang kann bewusst oder unbewusst vonstattengehen. Bewusst ist er z. B. in meinem oben erwähnten Beispiel, aber auch hier in der Kurzgeschichte. Unbewussten Gruppenzwang erlebe ich täglich in der Schule, wenn jemand stets die neueste Kleidung und das aktuellste Smartphone besitzt und andere der Ansicht sind, dies auch haben zu müssen – ohne dass es explizit (direkt) gefordert wird. Gewiss ist es weder notwendig, eine gefährliche Mutprobe zu bestreiten, noch die neuesten Produkte zu besitzen, um anderen irgendetwas zu beweisen.

Romanauszug *Fast genial*

In den Kapiteln *Themenübergreifende Aufgabenstellungen der Texterschließung* und *Erschließen eines literarischen Textes* hast du alle Bestandteile eines textgebundenen Aufsatzes kennengelernt, sodass du nun in der Lage sein solltest, selbstständig einen Aufsatz zum Romanauszug aus *Fast genial* in dein Heft zu schreiben. Die Checkliste (▶ **Seite 123–125**) hilft dir dabei.

Anders als bei einer Kurzgeschichte ist die Teilaufgabe des Textsortennachweises bei einem Romanauszug unwahrscheinlich, denn ein Roman zeichnet sich unter anderem durch Nebenhandlungen, komplexe Figuren und Charakterentwicklungen aus. Diese Punkte lassen sich anhand eines Romanauszugs nicht nachweisen.

Auch eine Titelanalyse wird bei einem Romanauszug eher nicht gefordert, da sich ein Titel in der Regel auf das ganze Werk bezieht und daher anhand nur eines Auszugs keine sinnvollen Aussagen über den Titel sowie seine Beziehung zum Inhalt des Romans getroffen werden können.

SCHREIBAUFGABE

Schreiben Sie einen vollständigen textgebunden Aufsatz mit *allen* Bestandteilen zum Romanauszug *Fast genial*. Berücksichtigen Sie bei den folgenden Aufgabenstellungen den genauen Arbeitsauftrag.

1. **Figurencharakterisierung**
   Charakterisieren Sie Francis anhand geeigneter Textstellen.
2. **Figurenkonstellation**
   Beschreiben Sie die Beziehung von Francis und seiner Mutter anhand geeigneter Textstellen.
3. **Begründete Stellungnahme**
   „Doch in den letzten Jahren war vieles anders geworden, und inzwischen konnte er froh sein, wenn die Schule sein geringstes Problem war." (Z. 75–77).

   Geben Sie eine Stellungnahme zur Frage ab, ob es vertretbar ist, dass junge Erwachsene ihre eigenen Bedürfnisse hinter die ihrer Eltern zurückstellen.
   Formulieren Sie einen Text mit ca. 250 Wörtern.
4. **Offener Schreibauftrag**
   Schreiben Sie einen inneren Monolog aus Francis' Perspektive, in dem er über den Besuch in der Klinik und sein Leben nachdenkt.

Teste dein Wissen zum Erschließen von literarischen Texten mit interaktiven Aufgaben im Onlinekurs!

Eine Musterlösung zum Romanauszug mit *allen* Aufgabenstellungen findest du im Lösungsteil des Onlinebereiches.

Fast genial (2011)

von Benedict Wells

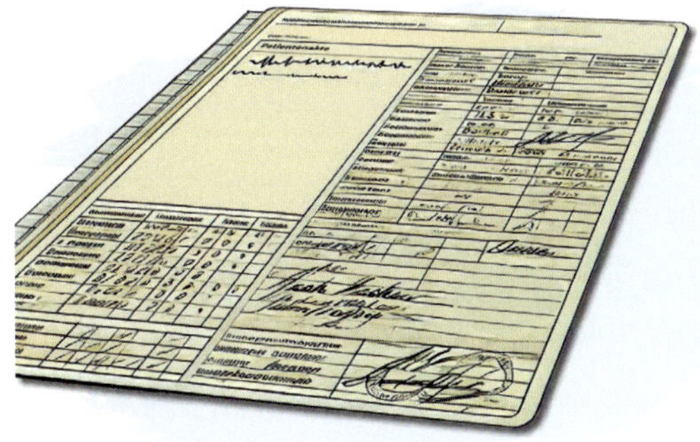

„Ich werde fliehen!“

Wie so oft saß Francis in der Klinik, neben ihm seine Mutter. Der Stuhl war zu klein für ihn, die Lehne drückte ihm in den Rücken. Er schloss die Augen und stellte sich vor, wie er von einer Klippe sprang und mit dem Kopf voran ins Meer tauchte. Das ist Freiheit, dachte er. Währenddessen redete seine Mutter weiter: „Ich werde hier abhauen oder mich rausklagen. Das ist alles deine Schuld, Francis, du hast mein Leben kaputtgemacht!“

Seit er sie mit Hilfe des psychiatrischen Notdienstes in die Klinik gebracht hatte, war sie nicht besonders gut auf ihn zu sprechen. Er nahm ein Zehncentstück aus der Tasche und warf es in die Luft. Zahl bedeutete, dass alles gut ausging, Kopf, dass alles schlecht endete. Gespannt fing er die Münze wieder auf, doch gerade als er nachsehen wollte, was oben lag, kam jemand ins Zimmer. Es war Dr. Sheffer, der neue behandelnde Oberarzt.

Er nickte Francis zu und berührte die Schultern der vierzigjährigen Frau, die auf dem Stuhl saß und nun völlig abwesend wirkte.

„Seit wann ist sie in diesem Zustand?“ Francis rieb sich die Augen. „Seit ungefähr einer Woche“, antwortete er. „Seitdem ist sie vollkommen irre, wenn man das so sagen kann.“ Ja, das konnte man so sagen. Der Arzt machte sich Notizen und studierte die Unterlagen.

„Hier steht, Ihre Mutter hat eine manische Depression?“ Francis zuckte mit den Achseln. „So geht das jedenfalls schon seit Jahren. Und wenn sie dann noch ihre Medikamente absetzt, kommt der totale Zusammenbruch.“ Dr. Sheffer blickte die Mutter an, sie sah lächelnd zurück.

Sie schien überhaupt keine Ahnung zu haben, dass von ihr die Rede war. Die dunklen Haare hingen ihr ins Gesicht, sie hatte Augenringe und schnaufte. Trotzdem sah sie selbst in diesem Zustand noch einigermaßen gut aus. Francis begann von ihrer Krankheit zu erzählen, der unerklärlichen Aggressivität ihm gegenüber, dem Schlafmangel und ihrem Verfolgungswahn. So hielt sie ihre Nachbarn für geheime Regierungsmitarbeiter, die sie ausspionieren wollten. Sie hatte sogar ihr Handy weggeworfen, weil sie dachte, darin sei ein Peilsender eingebaut.

Francis sah zu seiner Mutter, die ihn regungslos anblickte und dann seine Hand drückte. Und für einen Moment vergaß er den Wahnsinn und fühlte sich ihr nahe wie vor Jahren als kleines Kind, und es brach ihm fast das Herz, sie wieder hier sitzen zu sehen.

„Wie alt sind Sie?“, fragte ihn der Arzt. „Ich bin fast achtzehn.“ „Sie wirken älter.“ Francis hörte das öfter, und er wusste noch immer nicht, was er darauf sagen sollte. Dr. Sheffer ging weiter die Akte durch. Katherine Angela Dean stand auf dem Deckblatt. Seine Mutter war bereits das dritte Mal in dieser Klinik, bis auf den neuen Arzt kannte sie jeder, und ihn leider auch.

„Hier steht, dass Sie einen Halbbruder haben.“ „Ja, Nicky, er ist dreizehn. Er lebt jetzt aber in New York bei meinem Stiefvater Ryan. Mom und ich wohnen allein.“

„Was ist mit Ihrem leiblichen Vater?“ Francis schaute zu Boden. Er wusste nicht, wer sein Vater war. Seine Mutter hatte es ihm nie sagen wollen, sie hatte nur einmal gemeint, dass es eine kurze Affäre mit jemandem von weit weg gewesen sei.

„Weit weg“ konnte vieles bedeuten, sein Vater hätte Australier oder Engländer sein können. Aber wahrscheinlich verbarg sich hinter „weit weg“ nur ein Yuppie-Arsch[1], der sich L.A. ansehen wollte und nach einem Spiel der Lakers seine Mom gevögelt hatte.

Sie war bei den Cheerleadern gewesen und hatte viele Verehrer gehabt. Einer von denen musste damals seine Gene in den Ring geworfen und ohne es zu wissen einen Sohn gezeugt, und nun verschwendete er wahrscheinlich keinen einzigen Gedanken mehr daran.

„Ich kenne meinen Vater nicht. Ich weiß auch nicht, wie er heißt.“ Dr. Sheffer nickte. Er klappte die Akte zu und meinte, dass Francis' Mutter in guten Händen wäre, das Wichtigste sei, dass sie erst mal zur Ruhe kommen und schlafen würde. Was nichts anderes bedeutete, als dass man sie mit Neuroleptika und anderen Medikamenten vollstopfte und auf der Station festhielt.

Es klopfte an der Tür. Steve, ein übergewichtiger Pfleger in einem weißen Shirt, kam ins Zimmer. Er fasste Mrs. Dean bei den Schultern und führte sie hinaus. Francis stand ebenfalls auf und gab Dr. Sheffer die Hand. Der sah zu ihm hoch und drückte besonders fest zu, wie die meisten Männer, die nicht groß waren. Francis schnappte sich den Koffer mit den Sachen seiner Mutter und folgte ihr.

Als sie den Flur entlang gingen, fürchtete er sich schon vor den schlechten Witzen, die Steve immer erzählte. Sie betraten Zimmer 039. Während sie ihre Sachen auspackte, beruhigend und gewissenhaft, setzte Francis sich auf das Bett und schloss die Augen. Die letzten Tage hatte er kaum geschlafen. Er stellte sich vor, wie seine Mitschüler gerade mit ihren Familien zu Mittag aßen oder in der Mall rumhingen. Steve versuchte ihn aufzumuntern.

„Hey“, fragte er grinsend, „wie viele Blondinen braucht man, um eine Glühbirne einzuschrauben?“ Francis öffnete die Augen und sah den Pfleger stirnrunzelnd an. Als dieser nicht reagierte, zuckte er auch nur mit den Schultern. „Fünf!“, sagte Steve daraufhin. „Eine hält die Glühbirne, und vier drehen die Leiter!“ Um ihn nicht völlig zu blamieren, deutete Francis ein Lächeln an.

Dann bekam er mit, wie seine Mutter ein gerahmtes Foto aus der Tasche zog, auf dem ein großer, breitschultriger Junge mit schwarzen Haaren zu sehen war. Er trug eine Sportjacke und sah erschöpft, aber zufrieden aus. Francis erinnerte sich an diesen Tag, damals hatte er Ringkampf gewonnen. War jedoch ziemlich lange her, wie die meisten Bilder, auf denen er zufrieden aussah.

Während seine Mom und der Pfleger auspackten, schaute er sich auf der Station um. Die Schwestern kamen, warfen ihm flüchtig-mitleidig Blicke zu, und manchmal hatte Francis das Gefühl, sie taten es nicht, weil er diese Sache mit seiner Mutter hatte, sondern weil er auch noch diese Sache mit seiner Mutter hatte. Er wusste, dass ihn die meisten Leute für einen perspektivlosen Versager oder einen dummen Riesen hielten, und es war ein bisschen bitter, dass er ihnen nicht das Gegenteil beweisen konnte. Dabei war er früher einer der besten Schüler seiner Klasse gewesen.

Im Unterricht war ihm immer mal wieder ein Satz herausgerutscht, den die Lehrer für bemerkenswert hielten. Das und die Tatsache, dass er als Kind bei einem Schuleingangstest einer der Besten gewesen war, hatte die Leute sogar glauben lassen, er sei vielleicht hochbegabt.

Seine Mutter hatte früher jedenfalls immer zu ihm gesagt: „Frankie, mein kleines Genie!“ Doch in den letzten Jahren war vieles anders geworden, und inzwischen konnte er froh sein, wenn die Schule sein geringstes Problem war.

Quelle: Benedict Wells: *Fast genial*. Zürich: Diogenes 2011, ISBN 978-3-257-06789-7, S. 7–10.

1 **Yuppie-Arsch** umgangssprachliche, abwertende Bezeichnung für jemanden, der als erfolgsorientiert, wohlhabend, egoistisch und oberflächlich wahrgenommen wird.

Checkliste zur Erschließung eines literarischen Textes

Die Checkliste soll dich beim Schreiben eines Aufsatzes unterstützen. Sie enthält den Inhalt aller Aufgabenstellungen zu diesem Thema noch einmal kurz zusammengefasst.
Du musst in der Prüfung natürlich nur diejenigen bearbeiten, die von dir gefordert werden.

Einleitung

- [ ] **Textsorte**
- [ ] **Titel des Textes**
- [ ] **Autorin/Autor**
- [ ] **Erscheinungsort**
- [ ] **Erscheinungsjahr**
- [ ] **Kernsatz**

Textsortennachweis Kurzgeschichte mit Textbelegen

- [ ] **Kürze des Textes**
- [ ] **keine Einleitung**
- [ ] **keine konkreten Zeit- und Ortsangaben**
- [ ] **knappe Darstellung der Handlung**
- [ ] **entscheidendes Erlebnis einer Figur als Thema**
- [ ] **offenes Ende**

Inhaltszusammenfassung

- [ ] **Wer?**
- [ ] **Wo?**
- [ ] **Wann?**
- [ ] **Wie?**
- [ ] **Warum?**
- [ ] **sachlich und neutral**
- [ ] **Präsens bzw. Perfekt**
- [ ] **eigene Worte/keine Zitate/kein Abschreiben**
- [ ] **offenes Ende**

Titelanalyse

- [ ] Assoziationen vor dem Lesen
- [ ] Bestätigung oder Nicht-Bestätigung der Assoziationen beim Lesen
- [ ] Besonderheiten im Titel
- [ ] Beziehung Titel und Text

Erzählzeit und erzählte Zeit

- [ ] Zeitdeckung, Zeitdehnung oder Zeitraffung
- [ ] Begründung inkl. Angaben zur jeweiligen Dauer mit Textbelegen

Erzählperspektive

- [ ] auktorial, personal oder neutral
- [ ] Begründung mit Textbeleg
- [ ] Wirkung der Erzählperspektive

Figurencharakterisierung

- [ ] allgemeine Angaben mit Textbelegen
- [ ] äußeres Erscheinungsbild mit Textbelegen
- [ ] soziale Situation mit Textbelegen
- [ ] Charaktereigenschaften mit Textbelegen
- [ ] ggf. Eingehen auf Veränderung der Charaktereigenschaften

Figurenkonstellation

- [ ] Beschreibung der Figurenbeziehung mit Textbelegen
- [ ] Gründe der Figurenbeziehung mit Textbelegen
- [ ] Einordnung als statische oder dynamische Beziehung mit Textbelegen

Innere und äußere Handlung

- [ ] Dominanz innerer/äußerer Handlung oder ähnlicher Umfang
- [ ] Elemente der äußeren Handlung mit Textbelegen
- [ ] Elemente der inneren Handlung mit Textbelegen

Sprachliche Analyse

- [ ] Satzbau mit Einhaltung des Dreischritts mit Textbelegen
- [ ] Wortwahl mit Einhaltung des Dreischritts mit Textbelegen
- [ ] Stilmittel mit Einhaltung des Dreischritts mit Textbelegen

Verfasserabsicht

- [ ] Darstellung, Ausdruck und/oder (indirekter) Appell
- [ ] Begründung der Textintention mit Textbelegen

Mögliche Reaktionen der Leserschaft

- [ ] mögliche Reaktion 1 mit Textbelegen
- [ ] mögliche Reaktion 2 mit Textbelegen
- [ ] mögliche Reaktion 3 mit Textbelegen

Schluss

- [ ] persönliche Einschätzung des Textes
- [ ] Bedeutung des Themas für das eigene Leben
- [ ] Bedeutung des Themas für die Gesellschaft

EIGENE TEXTE PRÜFEN – TIPPS FÜR DIE PRÜFUNG

Vor allem in Prüfungssituationen ist es nicht leicht, beim Nachdenken über den Inhalt des eigenen Textes auch noch auf die Rechtschreibung und Zeichensetzung zu achten. Lies dir daher deine Texte vor der Abgabe nochmal Wort für Wort in Gedanken vor. Auch viele Satzbaufehler können so vermieden werden.

Tipp: *Mach dir bewusst, wo deine Schwächen liegen, um beim Kontrolldurchgang nach diesen möglichen Fehlern gezielt zu suchen.*

Achte bei der **Zeichensetzung** auf die folgenden Fragen:

Habe ich

→ Haupt- und Nebensätze durch Kommas getrennt?
→ Relativsätze durch Komma(s) abgetrennt?
(Und das Relativpronomen *das* mit einem <s> geschrieben?)
→ alle Elemente einer Aufzählung außer bei den Konjunktionen *und, oder, sowie, beziehungsweise* durch Kommas voneinander getrennt?
→ nachgestellte Appositionen durch Kommas vom umgebenden Satz getrennt?
→ bei Infinitivgruppen (zu + Infinitiv) die Kommas überprüft?
→ jeden Satz mit dem richtigen Satzschlusszeichen (Punkt, Frage- oder Ausrufezeichen) beendet?

Wenn keine Regel es erfordert, steht auch in langen Sätzen kein Komma. Auch einfache Vergleiche und längere adverbiale Bestimmungen erfordern kein Komma.

Ebenfalls wichtig ist, verwendete Zitate ordnungsgemäß zu kennzeichnen und vor allem die Quelle nicht zu vergessen.

Noch ein letzter Tipp: *Nutze ein Rechtschreibwörterbuch.*

Du hast es geschafft!
Jetzt bist du optimal auf
deine Abschlussprüfung
vorbereitet!